Cada uno habla de la feria según la va en ella.
Jeder redet von der Kirmes so, wie er sie erlebt.

Spanisches Sprichwort

Für Maria

Bernard Nollen

Mallorca

„...wie ich es mir geträumt“

Mit George Sand und Frédéric Chopin
in Valldemossa 1838–1839

DUMONT

„Es war mir lieb, hier einmal in der Wirklichkeit zu sehen, was ich bisher nur im Traume oder höchstens in einer Ballade gesehen hatte. An phantastischen Erscheinungen fehlte es nicht."

Gegen die Mitte des Dezembers gingen wir an einem heiteren Morgen nach Valldemosa ab, um an einem jener schönen Herbsttage, die nun immer seltener wurden, Besitz von unserer Klause zu nehmen. Nachdem wir die fruchtbaren Ebenen von Establiments hinter uns hatten, gelangten wir in eine Gegend, die bald mit Holz bewachsen, bald trocken und steinig, bald feucht und grün, bald alles dieses durcheinander war. Einige Pyrenäenthäler ausgenommen, zeigte sich mir die Natur nirgends so frei in ihren Ansichten, als hier auf diesen ausgedehnten Ländereien, welche in meinen Augen die Behauptung der Majorcaner, sie haben ihr ganzes Territorium aufs Beste angebaut, einigermassen Lügen straften. Es fiel mir jedoch gar nicht ein, ihnen deshalb einen Vorwurf machen zu wollen, denn es gibt nichts Schöneres, als diese venachlässigten Felder, die hervorbringen was sie nur wollen und worauf alle nur erdenklichen Producte unter einander aufwachsen. Da sieht man verkrüppelte und schön gewachsene Bäume, abscheuliche Diesteln und prachtvolle Blumen. Alles in der natürlichsten Gestalt, Abhänge, Hügel, steinige Fusspfade, die plötzlich an einem Abgrunde aufhören, grüne Rosenwege, die nach einem hemmenden Flüsschen ausmünden, offene Ebenen, vor denen sich auf einmal eine steile Berghöhe auftürmt: Plätze voll grosser Felssteine, von denen man glauben könnte sie seien vom Himmel herabgefallen. Hohlwege zwischen Hecken und Myrten und Gaisblatt, endlich Höfe, die gleich Oasen in der Wüste darliegen, wo

die Palmenbäume dem einsamen Wanderer einladend zunicken. Die Schweiz und Tyrol haben lange nicht den grossartigen Eindruck auf mich gemacht wie Majorca. Dort sind die Gestaltungen mehr gezwungen, auf Majorca dagegen erblüht Alles freudiger unter einem milderen Sonnenlichte. Die vom Sturm geknickte Blume erhebt sich stolzer wieder, der abgerissene Ast treibt wieder junge Sprossen. Obgleich es streng genommen auf der Insel keinen ganz öden Platz gibt, so verleiht der Mangel an gebahnten Wegen ihr ein verlassenes, wildes Aussehen, das sie jenen schönen Savannen Louisianas ähnlich macht, nach denen ich in meinen holden Jugendträumen mich so oft sehnte.

Ich bin fest überzeugt, diese Lobrede würde den Majorcanern nicht behagen, denn sie sind der Meinung, sie haben äusserst angenehme Wege. Angenehm für das Auge allerdings, das will ich nicht in Abrede ziehen, ob aber für Gefährte gangbar, das wollen wir erst sehen. Das gewöhnliche Fuhrwerk ist die Tartane, eine Art Coucou-Omnibus mit einem Pferde oder Maulthier ohne Federn, oder der Birlocho, eine Art viersitziges Cabriolet, das wie die Tartane, mit soliden Rädern und einem mässigen Beschlage versehen und inwendig mit Schaffellen ausgelegt ist. Wer zum ersten Male ein solches Fuhrwerk besteigt, wundert sich über seine Ausstattung. Der Kutscher sitzt auf einem Brettchen, das die Stelle eines Bocks vertritt, die Füsse auf den Deichselarmen und die Croupe des Pferdes zwischen den Beinen, sodass er das Vergnügen hat, nicht bloss die Stösse seines Karrens, sondern auch jede Bewegung seines Thieres zu verspüren und so zu gleicher Zeit zu Wagen und zu Pferde zu sein. Darum kümmert er sich offenbar nicht, denn er singt an einem fort, so furchtbar er auch gerüttelt werden mag, und unterbricht sich bloss dann und wann, um grämlich über sein Pferd hineinzufluchen, wenn das arme Thier stutzt und sich weigert, einen jähen Abhang hinab oder einen Felsen hinanzuklettern, so ist nämlich der Weg beschaffen: überall Abhänge, reissende Bäche, Schluchten, Hecken, Gräben. Wegen einer solchen Kleinigkeit hält man sich nicht auf. Alles das heissen sie einen Weg.

Anfangs hält der Fremde ein solches Kirchturmrennen für einen schlechten Witz und fragt den Kutscher ob es bei ihm wohl auch im Kopfe richtig sei. Das ist der Weg, erhält er zur Antwort. Allein dieser Bach? Das ist der Weg. Und dieses tiefe Loch? Das ist der Weg. Dieses Gebüsche? Ebenfalls. Nun gut! Da kann also der Reisende nichts besseres thun, als dass er sich in Geduld ergibt, das Polster, womit der Karren ausgeschlagen ist und ohne welches er kaum ohne zerschlagene Glieder davon kommen würde, segnet, seine Seele Gott befiehlt und den Tod oder ein Wunder erwartend, die Umgegend betrachtet.

Und doch kommt er manchmal wohlbehalten an Ort und Stelle, Dank der Festigkeit des Karrens und der Beine des Pferdes, vielleicht auch der Sorglosigkeit des Kutschers, welcher die Arme übereinanderkreuzt und ruhig seine Cigarre raucht, während ein Rad auf einem Rain, das andere durch eine tiefe Pfütze hingeht. Man gewöhnt sich bald an eine Gefahr, wenn man sieht, dass Andere sich nichts daraus machen, obwohl in der That wesentlich Gefahr vorhanden ist. Es kommt nicht immer zum Umwerfen, wirft man aber einmal um, so geht es mit dem Aufstehen nicht so leicht. Tastu hatte ein Jahr zuvor auf demselben Wege einen Unfall erlebt, allein trotz der grässlichen Kopfschmerzen, die sein Fall ihm verursacht, war die Lust Majorca wiederholt zu besuchen ihm nicht vergangen.

Die gemeineren Leute haben fast alle solche Fuhrwerke, die Vor-

nehmeren dagegen Kutschen aus Zeit Ludwigs XIV., mit weitem Bauche und oft bis zu acht Fenstern, deren ungeheure Räder jedem Hindernis Trotz bieten. Vier bis sechs Maulthiere ziehen diese schwerfälligen aber geräumigen und solid gebauten Maschinen, worin man mit unglaublicher Verwegenheit die furchtbarsten Wege im Galopp zurücklegt, freilich nicht ohne dass es dabei einige Contusionen und Beulen, oder wenigstens steife Glieder absetzt.

In der Nähe der Städte sind die Wege etwas besser, allein sie haben das Unbequeme, dass sie zwischen zwei Mauern oder Gräben eingeengt sind, so dass zwei Fuhrwerke einander nicht ausweichen können. In vorkommenden Fällen müssen die Zugthiere ausgespannt und eines der Fuhrwerke oft eine weite Strecke rückwärts gezogen werden. Da gibt es denn natürlich immer Verhandlungen, wer dieses thun müsse und während dieser Zeit kann der Reisende, der dadurch aufgehalten wird nichts Besseres thun, als dass er sich zu seiner Erbauung das majorcanische Sprichwort »mucha calma« öfters wiederholt.

Zu den wenigen Kosten, welche die Majorcaner auf ihre Strassen verwenden, haben sie den Vortheil, dass sie immer unter mehreren die Wahl haben. Ich machte den Weg von der Karthause nach Palma drei Male hin und her, oder sechs Male auf einem anderen Wege, sechs Male verirrte der Birlocho und führte uns über Berg und Thal, unter dem Vorwand einen siebenten Weg zu suchen welcher der beste von allen sei, den er aber niemals fand.

Von Palma nach Valldemosa rechnet man drei Meilen, aber drei majorcanische Meilen, wozu man, wenn man einen noch so guten Trapp fährt nicht unter drei Stunden braucht. In den zwei ersten Stunden geht es unmerklich bergan, in der dritten kommt man ins Gebirge und da geht es auf einer zusammenhängenden Steige (wahrscheinlich ein Werk der früheren Karthäuser) fort, die aber sehr schmal, furchtbar steil und noch gefährlicher ist als die ganze übrige Strecke. Hier berührt man die Alpenseite von Majorca, allein trotz der über Abhänge herabhängenden Gebirge und des von Fels zu Fels herabstürzenden Waldstromes nimmt diese Gegend nur mitten im Winter die wilde Gestalt an, welche die Majorcaner ihr zuschreiben. Im December glich der Strom trotz des erst gefallenen Regens, noch einem reizenden Flüsschen, das zwischen Gebüsch und Blumen davonfloss, das Gebirge hatte ein lachendes Aussehen und der Thalkessel von Valldemosa lag gleich einem Garten im Frühling vor uns.

Um die Karthause zu erreichen, muss man aussteigen, denn kein Fuhrwerk kann den gepflasterten Weg hinaufgebracht werden, der zu derselben führt, ein Weg, der durch seine kühnen Wendungen und die bezaubernden Ansichten, die sich nach einander entfalten und immer schöner werden, je weiter man hinaufkommt, äusserst interessant wird. Noch nie sah ich zugleich etwas Lachenderes und Melancholischeres als diese Aussichten, wo grüne Eichen, Johannisbrodbäume, Pinien, Olivenbäume, Pappeln und Cypressen in tiefen Gründen unter einander stehen, wo der Waldbach unter unendlich schönen Gebüschen hinströmt. Unvergesslich wird mir eine Stelle bleiben, wo man bei einem Blicke rückwärts auf der Höhe eines jener schönen arabischen Häuschen, wovon ich schon gesprochen, in seinen Feigenbäumen halb verborgen, und einen grossen Palmenbaum sieht, der über dem Abgrund in das Luftmeer hinaushängt. So oft der Koth und die Nebel zu Paris mir den Spleen verursachen wollen, schliesse ich die Augen und träume mich nach diesen grünenden Gebirgen, diesen gelben Felsen und diesem einsamen Palmbaum zurück.

Die Gebirgskette von Valdemo-
sa erhebt sich plateauweise bis zu einer Art Trichter, die von hohen Bergen umgeben und gegen Norden durch ein anderes Plateau geschlossen ist, an dessen Eingang das Kloster liegt. Die Karthäuser haben mit unsäglicher Mühe das Wilde dieses romanthischen Thales gemildert. Sie machten aus dem Thälchen am Ende der Bergkette einen grossen Garten, von Mauern umgeben, welche aber die Aussicht nicht hindern, dem eine Einfassung von pyramidenförmigen Cypressen, die je zu zweien stehen, das geordnete Ansehen eines Kirchhofes auf dem Theater gibt. Dieser Garten aus Palmen- und Mandelbäumen nimmt die ganze hohle Fläche des Thales ein und erhebt sich stufenweise zu den ersten Bergabhängen. Beim Mondscheine, wenn Schatten diese Abstufungen unbemerklich machen, könnte man glauben, ein für einen Gigantenkampf eingerichtetes Amphitheater vor sich zu haben.

In der Mitte befindet sich unter einer Gruppe schöner Palmenbäume ein steinerner Wasserbehälter. In diesem sammelt sich das Quellwasser von dem Gebirge und wird den niedrigen Plateaux in plattenbelegten Canälen mitgetheilt, welche denen in der Gegend von Barcelona gleichen. Diese Werke sind zu beträchtlich und zu geistreich, als dass sie nicht auf Majorca wie in Catalonien eine Arbeit der Araber sein sollten. Sie ziehen sich durch die ganze Insel hindurch und diejenigen, welche von dem Garten der Karthäuser ausgehen, bringen jeder Zeit frisches Wasser nach Palma.

Die Karthause, welche oben auf dem Berge liegt, gränzt nördlich an ein geräumiges Thal, das sich bis zu der schroffen Seite, an deren Grund die Brandung sich bricht, erweitert und in sanftem Abhang hinzieht. Ein Arm der Gebirgskette geht in der Richtung nach Spanien, der andere nach Osten, also beherrscht diese pittoreske Karthause das Meer von zwei Seiten. Während man nördlich die Wogen brausen hört, erscheinen dieselben jenseits der Bergabdachung und der unermesslichen Ebene im Süden wie ein schmaler glänzender Streifen: ein

erhabenes Bild, das oben von schwarzen, waldbewachsenen Felsen, etwas tiefer von kühnen, mit herrlichen Bäumen bedeckten Bergspitzen und ganz unten von glänzenden Warzensteinen eingerahmt ist, welche die untergehende Sonne prachtvoll beleuchtet und auf deren Oberfläche man noch auf eine Meile Entfernung das Miniaturbild der Bäume sieht, so fein wie Schmetterlingsfühlhörner und so schwarz wie ein Federzug mit chinesischer Tinte auf einem hellen Grunde.

Dieser lichte Grund ist die Ebene und wenn die Ausdünstungen des Gebirges einen durchsichtigen Schleier über den Abgrund zu werfen beginnen, so glaubt man gerade, dieses sei schon das Meer. Allein das Meer ist noch weit entfernt und zieht dem Wiederaufgang der Sonne, wo die Ebene einen bläulichen See gleicht, einen hellen Silberstreif rings um diese bezaubernde Ansicht.

Es ist dieses eine jener Ansichten die ermüdend sind, weil sie gar Nichts zu wünschen und der Einbildungskraft gar keinen Spielraum lassen. Ein unermessliches Ganzes, unendliche Details, eine unerschöpfliche Abwechslung, verworrene Formen, tausenderlei unbestimmte Farben und Schattirungen, Alles buntdurcheinander, so dass der Kunst nichts mehr hinzuzufügen übrig bleibt. Es gehört nicht immer bloss Geist dazu, die Werke Gottes zu fühlen und zu begreifen; bei genauerer Selbstprüfung erkennt der Mensch seine Ohnmacht, einen Ausdruck für diese Unermesslichkeit zu schaffen, die ihn berauscht und überwältigt. Leuten, welche auf ihre Kunst eitel sind, möchte ich rathen, solche Ansichten oftmals und aufmerksam zu betrachten. Da müssten sie, glaube ich, für die göttliche Kunst, welche die Schöpfung leitete, eine Hochachtung bekommen, die ihnen bisher noch mangelte. Ich selbst habe die Nichtigkeit leerer Worte nie tiefer gefühlt, als in solchen Stunden des Anschauens auf der Karthause. Da überwältigte mich ein hehres religiöses Gefühl, aber ich konnte nichts als die Worte stammeln: Guter Gott, gepriesen seist Du dafür, dass Du mir gute Augen gegeben! Ich glaube indes, dass, während der zufällige Genuss dieser

erhabenen Schauspiels wohlthuend und erhebend, das fortwährende Schwelgen in demselben gefährlich wirkt. Man gewöhnt sich daran, sich der Empfindsamkeit ganz hinzugeben und die unausbleibliche Folge davon ist Abspannung. Hieraus lässt sich auch die Gleichgültigkeit erklären, welche die Mönche gewöhnlich gegen das Poetische ihrer Klöster und die Landleute und Hirten gegen die Schönheit ihrer Berge an den Tag legen.

Wir hatten keine Zeit, uns satt zu sehen, denn beinahe jeden Abend breitete sich bei Sonnenuntergang ein Nebel über das Schauspiel und beschleunigte das Ende der ohnehin schon so kurzen Tage, die wir in diesem Trichter hatten. Bis zum Mittag waren wir in den Schatten des grossen Berges zur Linken eingehüllt und um drei Uhr warf der zur Rechten seinen Schatten auf uns. Allein wie schön waren nicht die Lichteffecte, die wir beobachten konnten, wenn die Strahlen durch die Felsenritzen schief hereinfielen, oder sich zwischen den Berggipfeln durchstahlen und goldene und purpurne Streifen um unser Gebiet zogen! Manchmal schwammen unsere Cypressen mit ihren Wipfeln in dem Gluthmeere, die Kronen unserer Palmen glichen Rubinenbüscheln, eine grosse Schattenlinie ging mitten durch das Thal und theilte es in zwei Zonen, die in hellem Frühlichtslichte strahlend, die andere blaulich und kalt gleich einer Winterlandschaft.

Da die Karthause auf dem Valldemosagebirge nach der Regel der Karthäuser gerade dreizehn Ordensbrüder mit Inbegriff des Superiors zählte, so war sie von dem Edicte, das 1836 die Zerstörung aller Klöster gebot, die unter zwölf Mitglieder zählten, entgangen. Allein gleich allen anderen war auch dieses Kloster unterdrückt, d. h. als Staatsdomäne behandelt worden. Da sie nicht wussten, welchen Gebrauch sie von den weitläufigen Gebäulichkeiten machen sollten, so hatten die majorcanischen Behörden sich entschlossen, die Zellen bis zu ihrem Zerfalle als Wohnungen zu vermiethen. Allein obgleich die Miethzinse einen Spottpreis betrugen, so machten die umliegenden Bewohner doch keinen Gebrauch von dieser Gelegenheit. Hieran mochte vielleicht ihre ausserordentliche Devotion und das Bedauern, die Mönche verloren zu haben, vielleicht auch abergläubische Furcht Schuld sein; dessenungeachtet aber benützten sie zur Carnevalzeit das Local zum Tanzen. Was ihnen hauptsächlich missfiel, das war unsere unheilige Anwesenheit in den ehrwürdigen Mauern. Indes war die Karthause den Sommer über von Bürgersleuten aus Palma bewohnt, welche auf diesen Höhen und unter diesen dichten Gewölben eine reinere Luft suchten als auf der Ebene und in der Stadt. Der nahende Winter vertrieb sie jedoch wieder und zu der Zeit, wo wir uns daselbst aufhielten, wohnte ausser mir und meiner Familie Niemand in der Karthause, als der Apotheker, der Sacristán und die María Antonia.

Diese María Antonia war eine Person, die, wahrscheinlich aus Noth, von Spanien aus hierher gekommen war und sich eine Zelle gemiethet hatte, um die jeweiligen Bewohner der Karthause zu brandschatzen. Ihre Zelle lag neben der unsrigen und diente uns zur Küche

ihre Dienste an und schlug mit beleidigter, beinahe schamhafter Miene jede Art von Belohnung für ihre Bemühungen aus. Sie handele, sagte sie, so aus Liebe zu Gott, »por l'assistencia« und allein in der Absicht, die Liebe ihrer Nebenmenschen zu erhalten. Ihre Einrichtung bestand aus einigem Hausgeräthe, einem Gurtbette, einem Brasero, zwei Strohsesseln, einem Crucifix und einigen irdenen Gefässen. Alles dieses bot sie den Fremden mit vielem Edelmuthe an und diese konnten bei ihr sowohl die Bedienung einquartieren als ihre Geräthschaften aufbewahren. Bald aber mischte sie sich dergestalt in ihre Haushaltung, dass sie von Putz- und Esswaren immer die besten Stücke für sich vorweg nahm. Nie kam mir eine Person vor, die mit grösserer Gewandheit Speisen aus einem siedenden Kessel hervorholte, ohne sich dabei die Finger zu verbrennen, oder mit grösserer Begierde ihren lieben Gästen den Kaffee wegtrank, wobei sie fortwährend ein Liedchen vor sich hinsummte. Die Sache wäre an und für sich nicht wenig ergötzlich gewesen, wenn wir nur immer hätten gleichgültig zusehen können, wie das saubere Kleeblatt, die ehrenwerte Antonia, die Catalina, eine abscheuliche Hexe von Valldemosa, die unsere Kammerzofe vorstellte, und mit einer Gewandtheit ohne gleichen irgendeine Cotelette oder eine eingemachte Frucht wegstibitzte. Es war zum Malen und wohl der Mühe werth, dass wir thaten, als ob wir Nichts sähen, allein da die Regengüsse häufig unsere Communication mit Palma unterbrachen und die Lebensmittel rar wurden, so begann die Assistentia der María Antonia und ihrer Sippschaft uns etwas unangenehmer zu werden und ich und meine Kinder sahen uns mehrmals genöthigt, einander im Wachdienste abzulösen, um unsere Lebensmittel zu retten. Es ist mir noch ganz gut erinnerlich, wie ich einmal einige Teller mit Brödchen zu unserem Frühstück am nächsten Tag unter meinem Kopfkissen aufbewahrte und mit der ängstlichen Sorgfalt über einige Fische wachte, um diese Raubvögel davon abzuhalten, die uns nichts als das Nachsehen gelassen haben würden.

Der Sacristán war ein plumper, unbeholfener Bursche, der vielleicht schon als Knabe den Karthäusern bei der Messe administrirt und seitdem die Schlüssel zu dem Kloster in Verwahrung hatte. Man erzählte sich eine scandalöse Geschichte von ihm: er sollte nämlich eine señorita, welche mit ihren Aeltern einige Monate lang auf der Karthause lebte, zu Fall gebracht

CARRER
DE SA
CARNISSERIA
17

*„Mallorca ist für den Maler eines der schönsten und eines der unbekanntesten Länder der Erde.
Menschen, Häuser, Pflanzen, ja selbst die Kieselsteine, alles hat hier einen besonderen Charakter."*

Poco, y en paz, mucho se me haz.
Wenig und dafür in Frieden, ist für mich viel.

Spanisches Sprichwort

Quien no tiene contento, no halla buen asiento.
Wer keine Zufriedenheit kennt, findet nirgends Ruhe.

Spanisches Sprichwort

haben, und wollte sich nun damit entschuldigen, dass er sagte, es sei bloss sein Geschäft, die gemalten Jungfrauen zu bewachen. Obwohl er nichts weniger als schön war, so wollte er doch gewisser Massen den Stutzer spielen, dieses that er aber natürlich in seiner Art: statt des schönen halb arabischen Costümes, das sonst Leute seines Standes tragen, brüstete er sich mit europäischen Beinkleidern und einem paar Hosenträger, die nach seiner Ansicht unfehlbar den Mädchen, die ihn sahen, in die Augen stechen mussten. Seine Schwester war die schönste Majorcanerin, die ich sah. Beide wohnten nicht im Kloster, sie waren reich und stolz und hatten ein Haus in dem Dorfe. Aber sie machten täglich ihre Runde und besuchten die María Antonia, welche sie damit immer zu unserem Essen einlud, wenn sie gerade keinen Appetit hatte.

Der Apotheker war ein Karthäuser, der sich gewöhnlich in seine Zelle einzuschliessen pflegte, wo er sodann seine einst weiss gewesene Kutte überwarf und ganz allein das Hochamt ableierte. Pochte Jemand an die Thüre und verlangte Eibisch oder Hundsgras (die einzigen Specifica, die er besass) von ihm, so warf er seine Kutte hastig auf das Bett und erschien in schwarzen Beinkleidern, Strümpfen und einem Wams, ganz nach dem Costüme eines Quacksalbers nach Molière. Er verkaufte sein Hundsgras zu einem enormen Preise an uns, tröstete sich aber bei seinen Prellereien damit, dass er von seinem Armuthsgelübde entbunden worden sei. Seine Zelle lag weit von der unsrigen, am Eingange des Klosters in einer Art Verschlag, dessen Thüre hinter einer Hecke von Wunderbaum und anderen medicinischen Gewächsen versteckt war. Hier kauerte er gleich einem alten Hasen, der die Hunde auf seine Fährte zu bekommen fürchtet, und zeigte sich niemals, und hätten wir nicht einige Male seines Kühltranks bedurft, so würden wir nie vermuthet haben, dass sich noch ein Mönch in dieser Karthause befinde.

Was architectonischen Schmuck betrifft, so hat die Karthause eigentlich nichts Schönes aufzuweisen, es ist eben eine Reihe äusserst dauerhafter, weitläufiger Gebäude. Auf einem solchen Raume und in einer solchen Steinmasse könnte man ein ganzes Armeecorps einquartieren, und doch war das grosse Gebäude ursprünglich bloss für zwölf Personen bestimmt. In dem neuen Kloster (die Anstalt besteht aus drei zu verschiedenen Zeiten gebauten Karthausen) sind allein zwölf Zellen, deren jede aus drei geräumigen Gemächern besteht, welche nach einer Seite des Klosters hinausgehen. In den beiden Flügeln liegen zwölf Kapellen, jeder Ordensbruder hatte seine eigene, worin er sich zum Gebete einschloss. Jede dieser Kapellen ist wieder auf andere Weise ausgeschmückt: da sieht man Vergoldungen und Malereien von dem allerplumpsten Geschmacke und hölzerne, angemalte Heiligenbilder, die so furchtbar anzusehen sind, dass ich ihnen nicht bei Nacht ausserhalb ihrer Nischen hätte begegnen mögen. Das Pflaster dieser Oratorien besteht aus emaillirten Faiencestücken, welche verschiedene mosaische Figuren bilden, was einen äusserst schönen Effect hervorbringt. Hier herrscht noch der arabische Geschmack, das

inzige Schöne, was sich Jahrhun-
lerte lang auf Mallorca erhalten hat. Endlich ist jede dieser Kapellen mit einer Fontaine und einem schönen Marmorbecken versehen, denn jeder Karthäuser musste täglich sein Oratorium aufwaschen. Es herrscht n diesen gewölbten, schattigen Gemächern eine Kühle, welche die angen Gebetsstunden in den heissen Sommertagen zu etwas äusserst Angenehmen machen musste.

Die vierte Seite des neuen Klosters, in dessen Mitte ein kleiner mit regelmässig stehenden Buchsbäumen bewachsener Hof ist, liegt parallel mit einer schönen Kirche, leren frisches nettes Aussehen einen bedeutenden Contrast mit ler verlassenen öden Gestalt des Klosters bildet. Wir hofften hier uch Orgeln zu finden, wir hatten nicht daran gedacht, dass die Regel ler Karthäuser alle und jede musicalischen Instrumente als eitlen Luxus verbot. Den ganzen inneren Raum der Kirche nimmt das Schiff ein, das mit schönen, äusserst fein bemalten Faiencestücken ausgelegt st, welche Blumenbouquets wie uf einem Teppiche vorstellen. Die hölzernen Brüstungen, die Beichtstühle und Portale sind äusserst einfach. Dagegen zeugen die Verzierungen an den Rippen der Gewölbe und dgl. von einer Kunstfertigkeit, wie man sie in Frankreich an keinem ähnlichen Werke findet. Leider ist diese Arbeit auch auf Majorca nicht mehr zu finden: es gibt, wie mir Herr Tastu sagte, auf ler ganzen Insel bloss noch zwei Arbeiter, welche in der Tischlerprofession Künstler sind. Derjenige, welchen wir auf der Karthause hatten, war auch ein Künstler, aber nur n Beziehung auf Musik und Malerei. Als er einmal in unsere Zelle kam, um daselbst einige Leisten aufzunageln, da betrachtete er unsere ganze Habe an künstlerischen Producten mit jener naiven zudringlichen Neugierde, die ich früher schon an den slavonischen Griechen bemerkt hatte. Die Skizzen, welche mein Sohn nach Gemälden von Goya, schmausende Mönche vorstellend, gezeichnet und an den Wänden unseres Zimmers aufgehängt hatte, verursachten ihm einigen Ärger. Als er aber die Kreuzesabnahme, nach Rubens gezeichnet, gewahr wurde, da betrachtete er

das Bild lange mit gierigem Auge. Auf unsere Frage, was er davon halte, antwortete er in seinem Patois: »Auf der ganzen Insel Majorca ist nichts so Schönes und Natürliches«. Das Wort »natürliches« aus dem Munde eines Bauern mit dem Haarputz und den Manieren eines Wilden, überraschte uns nicht wenig. Der Ton des Claviers versetzte ihn in eine Art Ekstase: er lief von seiner Arbeit weg und stellte sich mit offenem Munde und weit aufgerissenen Augen hinter den Spielenden. Trotz dieses gefühlvollen Wesens war er ein Dieb, wie alle Landleute auf Majorca es an Fremden sind, und zwar ohne den geringsten Scrupel, obgleich sie unter sich selbst beim Verkehr gewissenhaft und ehrlich sein sollen. Für seine Arbeit verlangte er einen unverschämten Preis und griff lüstern nach allen französischen Arbeiten, die wir zu unserem Gebrauche mitgebracht hatten. Ich hatte nur zu thun, um die Geräthe in meinem Toilettennecessaire vor seinen weiten Taschen zu retten. Am meisten führte ihn ein Crystallglas in Versuchung oder vielleicht auch die Zahnbürste, die in demselben steckte und deren Bestimmung er sicherlich nicht kannte. Der Mensch hatte den Kunstsinn eines Italieners und die Stehlwuth eines Malaien oder Kaffern.

Hier darf ich den einzigen Kunstgegenstand, den wir in der Karthause fanden, nicht zu erwähnen vergessen: es war dieses eine hölzerne, bemalte Statue des heiligen Bruno, die in der Kirche stand. Dessin und Farbe waren ausgezeichnet, die wundervoll gezeichneten Hände drückten frommes, brünstiges Gebet aus, der gläubige schmerzliche Ausdruck des Kopfes war wirklich erhaben. Und dieses Kunstwerk war die Arbeit eines Ignoranten, denn wenn man die von demselben Künstler gefertigte Statue betrachtete, so war sie im Uebrigen ein elendes Machwerk. Allein er hatte bei Fertigung des heiligen Bruno einen Augenblick der Begeisterung oder vielleicht frommer Exaltation, worin er sich selbst übertraf. Ich zweifle, ob der heilige Fanatiker von Grenoble jeweils besser aufgefasst und tiefer gefühlt wurde: es war dieses die

personifizirte christliche Ascetik. Allein selbst auf Majorca steht das Emblem dieser Philosophie der Vorzeit einsam und verlassen da.

Das alte Klostergebäude, durch welches man gehen muss, wenn man in das neue kommen will, steht mit diesem vermöge eines sehr einfachen Ganges in Verbindung, den ich aber bei meinem schlechten Localitätsgedächtnisse niemals finden konnte, ohne mich zuvor immer in das dritte Kloster zu verirren.

Dieses dritte Gebäude, welches ich eigentlich zuerst hätte nennen sollen, weil es das älteste, ist zugleich auch das kleinste. Der Anblick, den es darbietet, ist prachtvoll. Der Hof, welchen seine halb zerfallenen Mauern einschliessen, war früher der Kirchhof der Mönche. Keine Inschrift bezeichnet die Gräber, welche die Karthäuser lange vor ihrem Ende für sich gruben und deren steter Anblick sie die Schrecken des Todes vergessen liess. Die Gräber sind kaum durch kleine Erhöhungen auf dem Rasengrunde sichtbar. [...]

Rings um dieses Kloster herum liegen die alten Kapellen der Karthäuser vom fünfzehnten Jahrhundert. Dieselben sind hermetisch verschlossen und der Sacristán öffnet sie Niemandem, ein Umstand, der unsere Neugierde nicht wenig reizte. Soviel wir auf unseren Spaziergängen durch die Fenster hindurch entdecken konnten, glaubten wir schöne, sehr alte Trümmer von Möbeln und Holzschneidereien zu sehen. Es könnten sich in diesen geheimnisvollen Gemächern wohl viele Schätze vergraben finden, um deren Zutageförderung sich nie ein Majorcaner etwas kümmern wird.

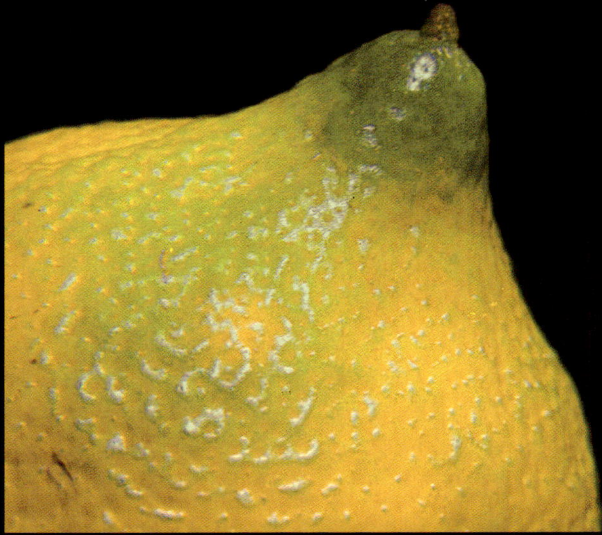

Das zweite Kloster hat wie die anderen zwölf Zellen und eben so viele Kapellen. Seine Arcaden haben in ihrem Zerfalle viel Charakter. Sie halten durchaus nicht mehr fest zusammen, und wenn wir im Dunkeln durch dieselben hinschritten, so befahlen wir jedes Mal Gott unsere Seelen, denn es ging kein Windstoss über die Karthause hin, der nicht ein Stück von der Mauer oder dem Gewölbe herabwarf. Nie hörte ich ein so klägliches Heulen und Ächzen des Windes, wie in diesen leeren schallenden Galerien.

Das Brausen des Stromes, der eilende Zug der Wolken, der einförmige laute Wellenschlag des Meeres, das klägliche Geschrei der Seevögel, die ganz verstört sich vom Winde hin und hertreiben liessen, ferner die gewaltigen Nebel, die oft auf einmal wie ein Leichentuch herniederfielen, durch die zerfallenen Arcaden in die Klostergebäude eindrangen und uns unsichtbar machten, während das Lämpchen, das wir bei uns trugen, um den Weg zu finden, einem unter den Galerien umherirrenden Geiste glich, dieses und noch viele andere Details aus diesem klösterlichen Leben, die meinem Gedächtnisse noch lebhaft vorschweben, machten die Karthause zu dem romantischesten Aufenthalt, den man sich nur denken kann. Es war mir lieb, hier einmal in der Wirklichkeit zu sehen, was ich bisher nur im Traume oder höchstens in einer Ballade gesehen hatte. An phantastischen Erscheinungen fehlte es wie gesagt nicht und aus Veranlassung dieser materialisirten Romantik, die ich vor mir sah, drängten sich mir einige Reflexionen über die Romantik im Allgemeinen auf.

Ausser den genannten Gebäulichkeiten umfasste das Kloster noch die Gemächer des Superiors, in die wir eben so wenig eingelassen wurden, als in mehrere andere geheimnisvolle Winkel, ferner die Zellen der Brüder Convertiten, eine kleine zu der Karthause gehörige Kirche und mehrere andere Gebäulichkeiten, die für hohe Personen bestimmt waren, welche der Ruhe oder einer Busse wegen hierher kamen, sodann mehrere mit Ställen versehene Höfe und Wohnungen für das zahlreiche Gefolge Solcher, die den Ort besuchten, endlich eine Kapelle der heiligen Jungfrau und des heiligen Bruno.

Bei schlechtem Wetter, wo wir den Berg nicht besteigen konnten, gingen wir im Kloster spazieren und hatten schon mehrere Stunden zu thun, das unermessliche Gebäude zu durchstöbern. Ich weiss nicht, welche unwiderstehliche Neugierde mich antrieb, in den verlassenen Mauern das verborgendste Geheimnis des Mönchslebens zu suchen. Seine Spuren waren noch so frisch, dass ich jeden Augenblick die Schuhe auf dem Pflaster und das laute Gebet unter den Gewölben der Kapellen zu hören glaubte. In unseren Zellen waren gedruckte lateinische Gebete herumgeklebt und man konnte dieselben sogar an Orten lesen, wo man nie ein »Oremus« zu finden erwartet hätte.

Eines Abends, wo wir in den oberen Galerien auf Entdeckung ausgingen, standen wir auf einmal auf einer hübschen Tribüne, von wo aus wir in eine grosse, schöne Kapelle hinabsahen, die so möblirt und eingerichtet war, als ob man sie Tags zuvor noch benutzt hätte. Der Sessel des Superiors stand noch an seinem Platze und das Verzeichnis der geistlichen Exercitien für die laufende Woche hing, auf einen schwarzen Rahmen befestigt, mitten in der Kapelle. An jedem Chorstuhle war hinten das kleine Bild von einem heiligen, wahrscheinlich dem Schutzpatron von dem Inhaber desselben, angeklebt. Der Weihrauchgeruch, welcher die Wände so lange Zeit durchduftet hatte, war noch nicht verflogen. Verwelkte Blumen schmückten die Altäre und in den Leuchtern stacken noch halbverbrannte Wachskerzen. Das ordentliche, wohl erhaltene Aussehen dieser Gegenstände bildete einen auffallenden Contrast mit den zerfallenen Mauern, den hohen Brombeergesträuchen, welche an den Fenstern hinaufragten und dem Geschrei der Gassenjungen, welche mit den Bruchstücken der Mosaikarbeit in dem Kloster Wurfsteine spielten.

Der Reiz des Wunderbaren trieb meine Kinder noch viel heftiger zu solchen eifrigen Forschungen, als uns Andere. Meine Tochter erwartete auf dem Boden der Karthause zuversichtlich einmal einen Feenpalast voll Wunder zu finden, während

mein Sohn unter den Trümmern die Spur irgendeines furchtbaren merkwürdigen Ereignisses zu entdecken hoffte. Ich erschrak oft, wenn ich sie gleich Katzen über morsche Bretter und lockeres Gemäuer hinklettern sah oder wenn sie einige Schritte vor mir vorausgingen und dann auf einmal in einer alten Wendeltreppe verschwanden. Da glaubte ich sie für mich verloren und verdoppelte meine Schritte mit einer gewissen Angst, woran vielleicht auch der Aberglauben einiger Massen Schuld war.

Es wäre vergeblich, es läugnen zu wollen, dass diese düsteren Gebäude, die vielleicht einem noch viel düsteren Cultus geweiht waren, auf die Einbildungskraft einwirken und ich glaube selbst der ruhigste, kälteste Denker würde an einem solchen Orte sich nicht immer ganz gleich bleiben. Diese phantastische Ängstlichkeit hat auch ihren Reiz, sie ist jedoch zu gegründet, als dass es nöthig wäre, dieselbe in seinem Innern zu bekämpfen. Ich gestehe, dass ich Abends nie ohne eine Mischung von Angst und Freude durch das Kloster ging, letztere liess ich aber vor meinen Kindern nicht laut werden, um ihnen keine weitere Aufmunterung zu geben. Dieser bedurfte es indes gar nicht, denn freudig liefen sie im Mondscheine unter den baufälligen Gewölben herum, welches in der That aussah, als ob Satan mit seinem Gefolge hier einen Ball halten wollte. Mehrmals führte ich sie auch um Mitternacht auf den Kirchhof, aber allein durften sie Abends nicht mehr ausgehen, seitdem wir einem grossen alten Manne begegnet waren, der sich manchmal im Dunkeln in der Nähe herumtrieb.

Es war dieses ein alter Diener oder Client der Brüderschaft, dem Wein und überspannte Frömmigkeit manchmal den Kopf verrückten. War er betrunken, so irrte er in den Klöstern umher, schlug mit einem grossen Pilgerstabe, woran ein langer Rosenkranz hing, an die Thüre der verlassenen Zellen, wobei er mit weinerlicher Stimme nach den Mönchen rief und vor den Kapellen betete. Sah er einen Lichtschimmer von unserer Kapelle her blinken, so ging er unter grässlichen Drohungen und Flüchen darauf zu. Zuerst trat er bei der María Antonia, die ihn sehr fürchtete, ein, hielt ihr lange, manchmal von abscheulichen Flüchen unterbrochene Reden und pflanzte sich hinter ihrem Brasero auf, bis endlich der Sacristán ihn mit List fortschaffte. Jener war nämlich nicht allzu muthig und fürchtete, sich den Alten zum Feinde zu machen. Dieser pochte sodann an unsere Thüre und wenn er müde war, vergeblich nach dem Pater Nicolas, der in seiner fixen Idee spuckte, zu rufen, so sank er zu den Füssen des Madonnabildes, das einige Schritte seitwärts in einer Nische stand, nieder und schlief, sein offenes Messer in der einen und den Rosenkranz in der anderen Hand ein. Seine Waffe schreckte uns jedoch nicht, denn er war nicht der Mann, der unversehener Weise

Jemanden anfiel. Da er sich schon in der Ferne durch seine wiederholten Ausrufungen und das Aufstossen seines Stabes auf dem Pflaster ankündigte, so hatte man Zeit, sich vor diesem wilden Thiere zu sichern und die doppelte eichene Thüre unserer Zelle hätte eine unter anderen Umständen furchtbare Belagerung aushalten können. Allein diese hartnäckige Zudringlichkeit war zu einer Zeit, wo wir einen Todtkranken hatten, dem er seine wenigen Ruhestunden noch raubte, doch nicht immer ein Spass. Allein wir mussten es eben mit »mucha calma« ertragen, denn sicherlich hätte die Ortspolizei keine Abhilfe getroffen, wir gingen ja niemals in die Messe und unser Feind war ein Heiliger, der dieselbe gar nie versäumte.

Eines Abends überraschte uns eine Erscheinung anderer Art, die ich nimmer vergessen werde. Anfangs war es bloss ein unerklärliches Lärmen, das ich mit nichts Anderem vergleichen konnte, als wenn fortwährend eine Menge Säcke mit Nüssen auf einem Bretterboden hin und her gewälzt würden. Wir begaben uns eiligst nach dem Kloster, um zu sehen, was es da gäbe. Das Kloster war öde und düster, wie gewöhnlich. Allein das Lärmen kam immer näher und bald erhellte ein schwacher Lichtstrahl die tiefen Gewölbe. Nach und nach wurden wir mehrere Fackeln gewahr und erblickten in dem röthlichen Dunste, den sie verbreiteten, eine Menge abscheulicher Wesen. Es war dieses Niemand anders, als Lucifer in eigener Person, begleitet von seinem ganzen Hofe, voran ein kohlschwarzer gehörnter Teufel, mit blutrothem Gesichte und rings um ihn eine Schar von Teufelchen mit Vogelköpfen und Pferdeschweifen und Teufelinnen oder Schäferinnen mit weissen und rothen Kleidern, welche aussahen als wären sie von dem abscheulichen Gnomen gewaltsam entführt worden.

Nach dem, was ich bereits gestanden, kann ich auch ferner noch gestehen, dass ich eine oder zwei Minuten lang, ja selbst dann noch, nachdem ich bereits begriffen hatte was da vorging, mir einiger Massen Gewalth anthun musste, meine Lampe nach dieser abscheulichen Maskerade hinzuhalten, welcher Zeit, Ort und Beleuchtung ein wahrhaft übernatürliches Aussehen gaben. Es waren Leute vom Dorfe, reiche Gutsbesitzer und ärmere Bürger, welche den Aschermittwoch feierten und in der Zelle der María Antonia einen ländlichen Tanz halten wollten.

Der sonderbare Lärm rührte von Castagnetten her, die mehrere Gassenjungen in schmutzigen Masken zu gleicher Zeit an einander schlugen, nicht etwa in regelmässigem Tacte, wie dieses in Spanien geschieht, sondern in unausgesetztem Wirbeln, wie ein Tambour, der Alarm schlägt. Dieser Lärm, womit sie ihren Tanz begleiten, ist so unausstehlich, dass ziemlich viel Muth dazu gehört, um ihn eine Viertelstunde lang auszuhalten. Auf

dem Wege zu einer Festlichkeit unterbrechen sie dieselben manchmal, um einstimmig eine »Coplita« über eine musikalische Phrase zu sagen, die immer wieder von vorne anfängt und gar nicht mehr aufhören will. Sodann spielen die Castagnetten wieder drei bis vier Minuten lang. Man kann gar nicht leicht etwas Wilderes hören: die musikalische Phrase, die an und für sich gar Nichts heissen will, nimmt sich in Folge der Art und Weise, wie sie vorgetragen wird, grossartig aus. Ich glaube, dass so die Araber gesungen haben und Herr Tastu, welcher Forschungen darüber anstellte, hat sich überzeugt, dass der Rhythmus und die Lieblingsweisen der Majorcaner arabischen Ursprungs sind.

Als alle die Teufel nahe genug bei uns waren, umringten sie uns mit vieler Höflichkeit, denn im Allgemeinen haben die Majorcaner in ihren Manieren nichts Wildes noch Feindseliges. Der König Beelzebub liess sich herab, mich auf Spanisch anzureden und sagte mir, er sei Rechtsgelehrter. Sodann versuchte er, um mir noch eine höhere Idee von seiner Person einzuflössen, französisch mit mir zu sprechen. Er wollte mich fragen, wie es mir auf der Karthause gefalle und übersetzte dabei das spanische »cartuxa« mit dem französischen »cartouche«, was sehr possirlich lautete. Allein man kann es dem majorcanischen Teufel auch nicht zumuthen, dass er alle Sprachen rede.

Ihr Tanz ist nicht heiterer als ihr Gesang. Wir folgten ihnen nach der Zelle der María Antonia, welche mit kleinen Papierlaternen erleuchtet war, die an Efeugirlanden umherhingen. Das Orchester, welches aus einer grossen und einer kleinen Guitarre, einer Art Violine und drei bis vier Paaren Castagnetten bestand, begann die landesüblichen Jotas und Fandangos zu spielen, welche den spanischen gleichen, nur dass sie einen noch origineIleren Tact und noch kühnere Touren haben. Dieses Fest wurde einem reichen Gutsbesitzer, Rafael Torres, welcher sich wenige Tage zuvor mit einem schönen Mädchen verheirathet hatte, zu Ehren gegeben. Der Neuvermählte war dazu verdammt, beinahe den ganzen Abend hindurch ein Frauenzimmer um das andere zum Tanze aufzufordern. Während dieses Tanzes sass die ganze Versammlung, nach orientalischer und afrikanischer Sitte, auf den Boden hingekauert, selbst der Alcalde mit seiner Mönchskaputze und seinem langen schwarzen Stabe mit silbernem Knopfe nicht ausgenommen. Die majorcanischen Boleros haben die Gravität ihrer Vorfahren und nichts von der verachtenden Grazie, die man an den Andalusiern bewundert. Alles hält die Arme unbeweglich ausgestreckt, während die Finger ohne Unterlass die Castagnetten heftig aneinander schlagen. Der schöne Rafael tanzte sich halb zu

Tode. Nachdem er in der Reihe herum war, kauerte er sich gleich den Anderen nieder und nun fingen die Haupthähne des Ortes an, sich ebenfalls zu produzieren. Allgemeine Bewunderung erregte ein magerer junger Bursche durch seine raschen Bewegungen und Sprünge, die galvanischen Wirkungen glichen, ohne dass man dabei die geringste Veränderung in seinem Gesichte gewahr wurde. Ein plumper, aber sehr eitler, selbstzufriedener Taglöhner wollte beim Tanze die spanischen Fuss- und Handbewegungen nachahmen, wurde jedoch ausgezischt, denn er machte die lächerlichste Caricatur, die man nur sehen konnte.

Der ländliche Tanz hätte uns vielleicht noch lange gefesselt, wäre nicht die Ausdünstung von dem ranzigen Öl und Knoblauch gewesen, wonach diese Herren und Damen rochen und die wahrhaft erstickend war. Die Geheimnisse des Carnevals hatten weniger Interesse für uns, als die eigenthümlichen Costüme, die sehr schön und malerisch sind. Die Frauenzimmer tragen eine Art weissen Busenschleier von Spitzen oder Mousselin, Rebozillo genannt. Derselbe besteht aus zwei an einander gesetzten Stücken, das eine, welches etwas mehr hinten auf dem Kopfe sitzt, und »rebozillo en amunt« heisst, ist unter dem Kinn gebunden, wie der Busenschleier einer Nonne. Das andere flattert en pélerine über die Schultern und heisst »rebozillo en volant«. Die Haare sind auf der Stirne gescheitelt und in eine grosse Flechte geschlungen, die vom Rebozillo ausgeht und über den Rücken herabfällt. Im gewöhnlichen Négligé wallt das Haar ungeflochten en estoffade über den Rücken hinab. Das Mieder von schwarzem Merino oder Seide, ohne Kragen, mit kurzen Ärmeln, ist über den Ellenbogen und den Nähten auf dem Rücken mit metallenen Knöpfen besetzt und mit silbernen Kettchen zugeschnürt, was äusserst hübsch und reich aussieht. Der Wuchs ist bei den Frauenzimmern grösstentheils schlank, die Füsse sehr klein und an Festtagen mit schönen Schuhen bekleidet. Ein ganz gewöhnliches Mädchen trägt durchbrochene Strümpfe, Atlasschuhe, eine goldene Kette um den Hals und eine mehrere Ellen lange silberne um die Lenden. Ich sah viele, sehr hübsche, reizende Gestalten unter ihnen, ihre Züge waren regelmässig wie bei den Andalusierinnen, nur hatten sie ein noch unschuldigeres sanfteres Aussehen. Die Frauenzimmer aus dem Sollergebiete, wohin ich nicht kam, stehen im Rufe besonderer Schönheit.

Die Männer, welche ich gesehen habe, waren nicht schön, schienen es aber wegen des vortheilhaften Costüms das sie tragen, auf den ersten Blick zu sein. Dieses besteht Sonntags aus einer Weste von bunter Seide (guarda-pits), die auf der Brust offen ist, wie auch die schwarze, kurze und gleich einem Frauenzimmercorset an den Leib anliegende Jacke (sayo). Ein blendend weisses Hemde, das am Halse und den Ellenbogen von goldenen Haften zusammengehalten wird, lässt den Hals frei, so dass die Brust von feiner Leinwand bedeckt ist, was immer einen guten Eindruck macht. Ein farbiger Gürtel umschliesst die Lenden, ferner tragen sie weite Beinkleider, wie die Tür-

ken, von hellen Stoffen, Baumwolle und Seide, welche im Lande verarbeitet wird. Dazu noch weisse, schwarze oder gelbe Strümpfe und Schuhe von ungegerbten Kalbfellen. Der breiträndige Hut mit schwarzen seidenen Schnüren und goldenen Troddeln thut dem orientalischen Charakter dieses Costüms einigen Eintrag. Zu Hause winden sie ein Taschen- oder Halstuch von Zitz nach Art eines Turbans um den Kopf, was ihnen viel besser lässt. Winters tragen sie manchmal ein Mützchen von schwarzem Wollenzeug über ihre Tonsur, denn sie rasiren sich den obersten Theil des Kopfes wie die Priester, ob aus Reinlichkeit oder Frömmigkeit, weiss ich nicht. Ihr starkes struppiges Haar fällt im Übrigen frei über den Nacken hinab. Ein Schnitt mit der Scheere über die Stirne her vollendet ihren Haarputz, der ganz mittelalterlich aussieht und sämmtlichen Gesichtern einen Ausdruck von Energie gibt.

Auf dem Lande ist die Kleidung etwas nachlässiger, aber noch pittoresker. Da tragen sie die Beine bloss, oder gelblederne Gamaschen bis an die Knie, so lange die Regenzeit dauert. Ist es heiss, so besteht ihr ganzer Anzug aus einem Hemde und einem Paar weiter Beinkleider. Winters hüllen sie sich in eine graue Kaputze, die einer Mönchskutte gleichsieht, oder in ein grosses africanisches Ziegenfell und zwar die Haare nach aussen gekehrt. Begegnet man einer solchen Gruppe mit gelben Fellen, die über den Rücken hinab sämtlich einen schwarzen Strich haben und vom Kopf bis zu den Füssen hinabreichen, so meint man gerade eine Heerde Ziegen zu sehen, die auf den Hinterfüssen heranschreiten.

So oft sie sich auf das Feld begeben oder von dort wieder nach Hause zurückkehren, geht beinahe immer Einer mit einer Gitarre oder Flöte voraus und die Anderen trippeln gesenkten Kopfes hinten drein. Trotz ihres harmlosen und stupiden Aussehens mangelt es ihnen jedoch nicht an Schlauheit und wer ihrem ehrlichen Gesichte traut, der irrt sich gewaltig.

Im Allgemeinen sind sie gross und ihr passendes Costüm lässt sie noch grösser erscheinen. Ihr Hals, den sie bloss tragen, ist schön und kräftig, ihre Brust, die von keiner knappen Weste und keinen Hosenträgern eingeengt ist, frei und männlich. Aber beinahe Alle haben krumme Beine. Wir glaubten die Beobachtung zu machen, dass Greise und ältere Männer in ihren Gesichtern einen wo nicht schönen, so doch ernsten und edlen Charakter haben, während wir bei der jüngeren Generation schon ein gemeineres, abstossenderes Äusseres bemerkten. Sollten etwa die Mönche in den letzten zwanzig Jahren Nichts mehr für die Förderung der Bildung getan haben?

Ich sagte oben, dass ich in diesen Mauern, wo die Spuren des Mönchslebens noch so frisch waren, die Geheimnisse desselben zu ergründen ersucht habe. Das will aber nicht so viel heissen, als ob ich erwartet hätte, geheimnisvolle Tathsachen in Beziehung auf die Karthause insbesondere zu entdecken, sondern ich gedachte bloss von diesen Mauern, die Gedanken der schweigenden Wesen zu erfahren, die Jahrhunderte lang in völliger Abgeschiedenheit hier lebten.

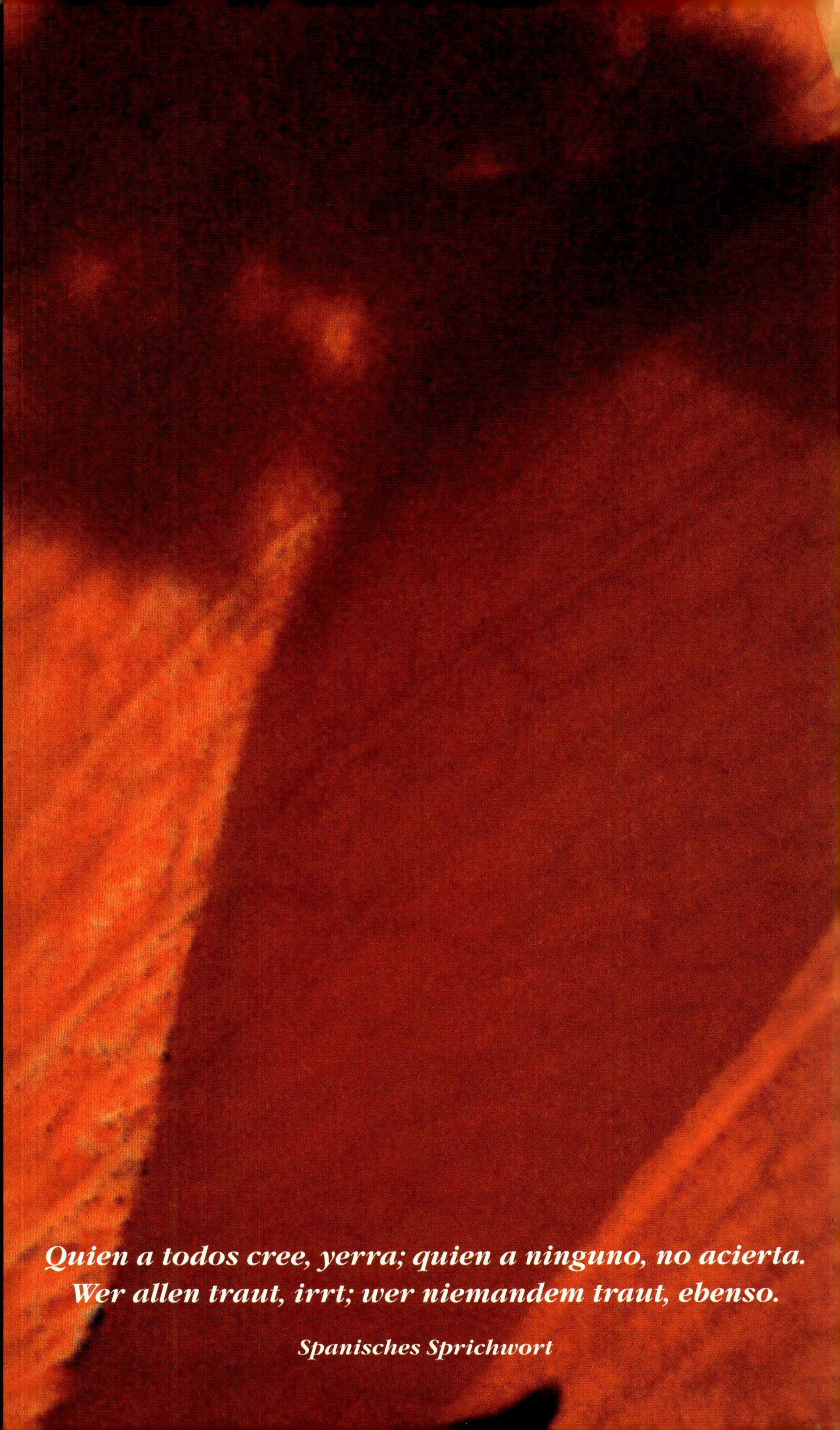

Quien a todos cree, yerra; quien a ninguno, no acierta.
Wer allen traut, irrt; wer niemandem traut, ebenso.

Spanisches Sprichwort

Ich hätte gerne die Spur des christ-
ichen Glaubens in diesen Seelen verfolgt, die von Generation zu Generation dem eifrigen Gotte als Opfer fielen, als ob er eben so gut Menschenopfer verlangt hätte, wie die heidnischen Götter. Sodann hätte ich mögen einen Karthäuser aus dem fünfzehnten und einen aus dem neunzehnten Jahrhundert wieder ins Leben rufen, um diese beiden ohne Wissen und Willen in Glaubenssachen himmelweit von einander abweichenden Katholiken mit einander zu vergleichen und jeden zu fragen, was er von dem anderen halte.

Ich machte mir in Gedanken ein Bild von dem Leben des ersteren und sah da den Christen des Mittelalters, wie er leibt und lebt, fromm, andächtig und aufrichtig, im Innersten betrübt über den Anblick der Kriege, Streitigkeiten und Leiden seiner Zeitgenossen, wie er vor diesem Abgrund des Bösen floh und sich durch ein beschauliches ascetisches Leben so viel als möglich einem Kreise zu entziehen suchte, wo die Erkenntnis von der Perfectibilität der Massen einzelnen Individuen nicht zugänglich war. Auf der anderen Seite der Karthäuser des neunzehnten Jahrhunderts: er schliesst die Augen bei den sichtbaren Fortschritten der Menschheit, unbekümmert um das Thun und Treiben Anderer, begreift weder Religion noch Papst noch Kirche noch Gesellschaft, noch sich selbst und sieht in seiner Karthause nicht mehr, als eine geräumige, angenehme, sichere Wohnung und in seinem Berufe nichts als eine gesicherte Existenz, Straflosigkeit für seine unedlen Begierden und ein Mittel, ohne persönliches Verdienst die Ergebenheit und Achtung der Andächtigen und Unwissenden zu erwerben.

Der Entwurf des letzteren Bildes wurde mir nicht so leicht, wie der des ersteren: ich konnte nicht genau herausfinden, wieviel Reue, Verblendung, Heuchelei oder Aufrichtigkeit letzterer besass. Unmöglich konnte dieser Mensch wirklichen Glauben an die römische Kirche haben, er hätte denn aller und jeder Vernunft bar sein müssen. Aber eben so wenig konnte es erklärter Atheismus sein, denn da wäre sein ganzes Leben eine Lüge gewesen, und ich kann ein für alle Male nicht an einen durchaus stupiden oder durchaus niederträchtigen Menschen glauben. Wenn ich mir den Kampf in seinem Innern, sein Schwanken zwischen Auflehnung und Gehorsam, zwischen philosophischem Zweifel und abergläubischem Schrecken vorstellte, so fiel mir die Hölle ein. Und je mehr ich mich in die Lage des letzten Karthäusers dachte, der vor mir meine Klause bewohnt hatte, desto schwerer lastete auf meiner Einbildungskraft die Angst und Bewegung, welche ich ihm zuschrieb.

Man durfte nur einen Blick auf die alten Klostergebäude und die neue Karthause werfen, so konnte man sich sogleich von dem nach und nach eingetretenen Bedürfnisse grösserer Behaglichkeit und einer gesunderen, ja selbst eleganteren Wohnung, aber auch von ziemlicher Milderung der strengen klösterlichen Sitten, der Kasteiungen und Büssungen überzeugen. Während die alten Zellen düster, eng und schlecht verschlossen, waren die neuen luftig, hell und solid gebaut. Ich lasse hier eine Schilderung der von uns bewohnten Zelle folgen, um einen Begriff davon zu geben, wie streng die Regel der Karthäuser war und zwar selbst dann noch, nachdem man sie so viel als möglich zu umgehen und zu mildern versucht hatte.

Die drei Abtheilungen, woraus dieselbe bestand, waren geräumig, hübsch gewölbt und erhielten frische Luft vermöge durchbrochener Rosetten, von denen jeder wieder ein anderes schönes Dessin hatte. Die drei Gemächer waren von dem Kloster durch einen dunklen, mit einer festen Eichenthüre verschlossenen Gang getrennt, die Mauer hatte drei Fuss in der Dicke. Die mittlere Abtheilung war für Lectüre, Gebet und Meditation bestimmt, und die ganze Einrichtung bestand in einem weiten, an die Mauer befestigten Lehnstuhle. Die Abtheilung zur Rechten war das Schlafgemach des Karthäusers, im Hintergrunde desselben befand sich seine niedrige, wie ein Grab geformte Lagerstätte. Zur Linken war das Arbeitszimmer, Refectorium und Vorrathsgewölbe des Einsiedlers. In diesem stand ein Schrank, der vermöge einer besonderen Einrichtung sich gegen das Kloster hin öffnete und die für den Einzelnen bestimmten Speisen aufnahm. Seine Küche bestand aus zwei kleinen Heerden, die ausserhalb, jedoch nicht nach den Buchstaben der Regel, ganz im Freien angebracht waren. Ein gegen den Garten hin offenes Gewölbe schützte den Mönch bei seinen Küchengeschäften vor Regen und gestattete ihm, sich denselben mit etwas mehr Behaglichkeit zu widmen, als wohl ursprünglich in dem Plane des Stifters gelegen haben

mochte. Überdies deutete ein in dieser dritten Abtheilung angebrachter Kamin noch auf andere Gemächlichkeiten, obgleich die Kunst des Architecten nicht so weit gereicht hatte, diesen Kamin brauchbar zu machen. Das ganze Appartement hatte hinten, in der Höhe der Rosetten, einen langen, schmalen und düsteren Schlauch, welcher zum Auslüften der Zelle bestimmt war, und oberhalb einen Boden zur Aufbewahrung von Mais, Zwiebeln und anderen Wintervorräten.

Südlich öffneten die drei Abtheilungen sich in ein Parterre, das gerade so lang als die ganze Zelle und von den benachbarten Gärten durch zehn Fuss hohe Mauern getrennt war und sich an eine Terrasse anlehnte, unter der sich ein Orangenwäldchen befand, welches diese Abstufung des Berges einnahm. Die nächste war von wunderschönen Weinstöcken, die zweitnächste von Palm- und Mandelbäumen bedeckt und so fort, bis in den Kessel des Thales, das, wie ich oben bemerkte, ein unermesslicher Garten war. Jedes dieser Parterres hatte seiner ganzen Länge nach zur Rechten einen steinernen Wasserbehälter, der drei bis vier Fuss breit und eben so tief war, durch Kanäle sein Wasser vom Berge her erhielt und dasselbe vermöge eines steinernen Kreuzes, wodurch es in vier gleiche Vierecke getheilt wurde, in das Parterre brachte. Ich konnte nie begreifen, wozu diese Menge Wassers dienen sollte, etwa dazu um den Durst eines einzigen Menschen zu stillen, oder ein kleines Gemach zu säubern. Wer den Abscheu der Mönche vor dem Baden und die majorcanische Schmutzigkeit kennt, der könnte fast auf den Gedanken kommen, die guten Karthäuser haben, gleich indischen Priestern, ihr Leben mit lauter Waschungen hingebracht.

Das mit Granaten-, Citronen- und Orangenbäumen bepflanzte und mit schattigen Alleen umgebene Parterre, sowie auch der von duftenden Blumen umwachsene Wasserbehälter bildeten gleichsam einen schönen Saal von Blumen und Grün, wo es dem Mönche vergönnt war, sich an trüben Tagen trockenen Fusses zu ergehen, bei heissem Wetter seine Pflanzen mit frischem Wasser zu begiessen, am Fusse einer schönen Terrasse den Duft der Orangenbäume einzuatmen, deren gewölbte Krone seinen Augen eine reichliche Ernte an Blüthen und Früchten bot. Ferner die zugleich düstere und lachende, melancholische und grossartige Landschaft, wie ich schon früher sagte, in vollkommener Ruhe zu betrachten, endlich zu seinem Vergnügen seltene, kostbare Blumen zu pflanzen, die schönsten, saftigsten Früchte zu pflücken, dem erhabenen Brausen des Meeres zuzuhören, die prachtvollen Sommernächte unter dem schönsten Himmel zu betrachten, und den Ewigen in dem schönsten Tempel, den er je einem Sterblichen geöffnet, anzubeten.

Für so unaussprechlich schön hielt ich auf den ersten Blick die Freude des Karthäusers und dieselbe versprach ich auch mir selbst, beim Einzuge in eine dieser Zellen, die so geeignet schienen, die wunderlichsten Launen der Einbildungskraft oder der Träumerei eines ganzen Heeres von Poeten und Künstlern, zu befriedigen.

Nun denke man sich aber die Existenz eines Menschen, ohne Intelligenz und folglich auch ohne träumerisches Nachsinnen und Meditiren. Vielleicht selbst ohne Glauben d. h. ohne Enthusiasmus und Andacht, vergraben in eine solche Zelle mit dicken, dumpfen Mauern, unterworfen den erniedrigenden Entbehrungen der Regel, gezwungen, dem Buchstaben zu gehorchen, ohne den Sinn zu begreifen, verdammt zu den Schrecken der Einsamkeit, wo er höchstens von Ferne eine menschliche Seele zu sehen bekommt, genöthigt einigen anderen gefangenen Wesen, die in demselben Stillschweigen verharren müssen, in demselben Grabe eingeschlossen, ihm immer nahe und doch ferne, selbst beim Gebete ferne sind, auf ewig fremd zu bleiben. Dagegen denke man sich selbst in seiner Freiheit und Ungebundenheit als ein Wesen, das durch Sympathie zu gewissen Schrecken und Täuschungen hingezogen wird, so erscheint alles dieses in einem traurigen, trüben Lichte, wie ein Leben des Schattens, des Irrthums und der Ohnmacht.

Stellt man sich auf diesen Standpunkt, so begreift man den grenzenlosen Lebensüberdruss des Mönches, für den die Natur ihre schönsten Schätze vergeblich erschöpft hat, da er derselben nicht froh zu werden vermag, weil er keinen Menschen hat, dem er seine Freude mittheilen kann. Da begreift man auch das dumpfe Hinbrüten des Büssenden, der wie ein Thier oder eine Pflanze, bloss noch für Kälte und Wärme empfindlich ist und die tödtliche Erkaltung des Christen, bei dem der Geist der Ascetik durch Nichts belebt und beseelt wird. Dazu verdammt, allein zu speisen, allein zu arbeiten, allein zu leiden und zu beten, muss er bloss noch einen Wunsch haben, nämlich den, dieser grässlichen Einsperrung zu entkommen, und man hat mir gesagt, die letzten Karthäuser haben sich daraus so wenig gemacht, dass Manche sich ganze Wochen, ja monatelang entfernten, ohne dass es dem Superior möglich gewesen wäre, sie zur Beobachtung der Ordnung erhalten zu können.

Ich fürchte nun eine zu lange und ausführliche Beschreibung von unserer Karthause geliefert zu haben, ohne dass ich dem Leser einen Begriff davon gab, welchen Reiz dieselbe für uns hatte, was sie aber in unseren Augen an Poesie verlor, nachdem wir Alles genauer untersucht hatten. Ich habe, wie immer, dem Zuge meiner Erinnerungen nachgegeben und nun, nachdem ich es versucht, meine Gefühle mitzutheilen, wirft sich mir die Frage auf, warum ich nicht in zwanzig Linien sagte, wozu ich zwanzig Seiten brauchte: dass nämlich einer müden Seele die stille Ruhe des Geistes und Alles, was dieselbe fördert, etwas Kostbares dünkt, dass aber bei ruhigerem Nachdenken, dieser Reiz verschwindet. Allein nur dem Genie ist es möglich, mit einem einzigen Pinselstrich ein lebendiges, vollständiges Gemälde zu liefern. [...]

Der Flecken Valldemosa, der sich seit den Zeiten der Araber stolz eine Stadt nennt, liegt in dem Gebirge, in gleicher Fläche mit der Karthause, von der es ein Anhängsel zu sein scheint. Zahllose Meerschwalben nisten in dem Dorfe, das so liegt, dass es beinahe unzugänglich ist.

Seine Bewohner bestehen grösstentheils aus Fischern, welche Morgens vom Hause weggehen und erst Abends wieder heimkehren. Den ganzen Tag über ist das Dorf voll Weiber, die an Geschwätzigkeit alle anderen übertreffen, sie sitzen auf den Thürschwellen und beschäftigen sich damit, die Netze oder Strümpfe ihrer Männer zu flicken, wobei sie aus vollem Halse singen.

Sie sind eben so bigott, als die Männer, allein ihre Frömmigkeit ist nicht so intolerant, weil sie mehr von Herzen geht. Es ist dieses ein Vorzug, den das weibliche Geschlecht hier wie überall vor dem anderen hat. Im Allgemeinen ist bei den Weibern das Hängen am Cultus Sache der Begeisterung, der Gewohnheit oder Überzeugung, während es bei den Männern oft bloss Folge des Ehrgeizes oder Eigennutzes ist.

Vorsicht und Zurückhaltung sind, nach dem eigenen Geständnisse der Majorcaner die vorherrschenden Züge in ihrem Charakter. Kein Bauer begegnet einem Fremden auf dem Felde, ohne ihn zu grüssen. Will aber dieser etwas Weiteres mit dem Bauern sprechen und letzterer kennt ihn nicht ganz genau, so gibt er keine Antwort, selbst wenn der Andere sein Patois spräche. Es darf einer nur einem Fremden gleichsehen, so fürchten sie sich vor ihm und machen lieber einen Umweg, nur um ihm nicht zu begegnen.

Wir hätten indes in gutem Einverständnisse mit diesen Leuten leben können, wenn wir ihnen den Gefallen gethan hätten, uns in ihrer Kirche einzufinden. Da hätten sie uns nicht bei jeder Gelegenheit gebrandschatzt und wir hätten

ruhig ins Freie spazieren gehen können, ohne befürchten zu müssen, es möchten uns auf einmal aus irgend einem Winkel hervor Steine an die Köpfe fliegen. Leider kamen wir Anfangs nicht auf den Gedanken, diese Klugheitsmassregel zu ergreifen und es blieb uns beinahe bis ans Ende unbekannt, wie sehr unsere Lebensweise sie ärgerte. Sie schalten uns Heiden, Mohamedaner und Juden, was nach ihren Begriffen schlimmer ist, als alles Andere. Der Alcalde bezeichnete uns seinen Behörden als verdächtige Subjecte und ich weiss nicht, ob nicht der Geistliche uns gar zum Text bei seinen Predigten machte. Vergeblich schallte Sonntags das alte Horn, welches in allen Strassen geblasen wurde, um die Nachzügler zum Gottesdienste zu rufen, bis in unsere Karthause herauf: wir blieben taub, weil wir nicht begriffen und wenn wir auch begriffen hätten, so wären wir es dennoch geblieben. Da erfanden sie ein Mittel, die Ehre Gottes zu rächen, das nichts weniger als christlich war. Sie verschworen sich nämlich unter einander, uns ihre Fische, Eier und ihr Gemüse nicht mehr anders, als zu enormen Preisen, zu verkaufen. Da half kein Berufen auf einen Tarif oder einen Gebrauch. Bei der geringsten Bemerkung, die wir machten, hiess es gleich: »Wollet Ihr's nicht so? Dann bekommet Ihr nichts«, und der Pagès blickte mit der Miene eines spanischen Granden um sich, legte seine Eier oder Erdbirnen wieder in seinen Korb und ging mit majestätischen Schritten weg, ohne dass es uns möglich gewesen wäre, ihn zur Vernunft zu bringen. Für unser Handeln mussten wir fasten und zwar buchstäblich genommen, denn unter den Verkäufern fand weder Concurrenz Statt, noch waren sie zu einem Nachlass zu bewegen. Der Zweite forderte das Doppelte, der Dritte das Dreifache, so dass wir ganz von ihnen abhingen und ein wahres Einsiedlerleben führen mussten, wobei wir mehr Geld gebraucht hätten, als zu Paris ein Fürst, wenn nicht der Zufall uns zu Hülfe gekommen wäre. Wir konnten uns zu Palma durch die Vermittlung von dem Koche des Consuls verproviantiren, der unser

Schutzengel war, und dessen seidene Mütze ich unter die Gestirne aufnehmen würde, wenn ich römischer Kaiser wäre. Allein während der Regenzeit wollte um keinen Preis ein Bote es riskiren, den Weg dahin zu machen und da es zwei Monate lang regnete, so glich unser Brod öfters dem Schiffszwieback und wir mussten wahre Karthäusermahlzeiten halten.

Diese Unannehmlichkeit wäre uns ziemlich gleichgültig gewesen, wenn wir uns Alle wohl befunden hätten. Was das Essen betrifft, so bin ich von Natur aus sehr nüchtern und sogar stoisch in dieser Beziehung, meinen Kindern kam ihr trefflicher Appetit zu Statten und ihnen waren sogar unreife Citronen recht. Mein Sohn, der bei unserer Ankunft schwach und krank gewesen war, lebte wie durch ein Wunder wieder auf und erholte sich von einem schweren rheumatischen Leiden, indem er vom frühen Morgen an gleich einem Hasen in dem hohen Gras herumrannte, so dass er bis an die Lenden durchnässt wurde. Die Natur that dieses Wunder an ihm. Somit wären wir nun der Besorgnis um einen Kranken enthoben gewesen. Allein der andere, bei dem das feuchte Wetter und die Entbehrungen keine so gute Wirkung thaten, nahm zusehends ab. Obgleich die ganze Facultät zu Palma ihn verurtheilt hatte, so war sein Leiden doch kein chronisches. Allein der Mangel an Stärkungsmitteln hatte ihm in Folge eines Katarrhs eine Schwäche zugezogen, von der er sich nicht erholen konnte. Er ergab sich in sein Schicksal, so gut es gehen wollte, wir aber schwebten in Angst um ihn und zum ersten Male lernte ich grossen Kummer wegen kleiner Widerwärtigkeiten kennen: das Verschütten oder Entwenden einer Brühe durch die Mägde brachte mich in Wuth und die Sorge um frisches Brod, das nicht kommen wollte, oder unterWegs auf dem Rücken eines Maulthiers ganz durchnässt wurde, versetzte mich in Angst. Ich erinnere mich nicht mehr, was ich zu Pisa oder Triest gegessen habe: allein die Ankunft des Proviantkorbes auf der Karthause würde ich nie vergessen und sollte ich auch noch hundert Jahre leben.

Was hätte ich nicht darum gegeben, unserem Kranken täglich eine Kraftsuppe und ein Glas Bordeaux bieten zu können! Die majorcanischen Speisen und besonders die Art und Weise, wie dieselben zubereitet wurden, verursachten ihm unwiderstehlichen Ekel. Soll ich wohl anführen, in wie weit dieser Eckel gegründet war? Eines Tages wurde uns ein mageres Hähnchen aufgetragen, auf dessen Rücken wir einige riesenhafte Flöhe herumhüpfen sahen, die Hoffmann ohne Zweifel für eben so viele böse Geister erklärt, sicherlich aber nicht in Sauce gegessen haben würde. Meine Kinder mussten darüber so herzlich lachen, dass sie sich beinahe nicht mehr aufrecht am Tisch halten konnten.

Das Hauptgericht auf Majorca ist und bleibt das Schweinefleisch unter allen möglichen Formen und Gestalten. Dort wäre der Witz des Savoyarden am Platz, der mit Bewunderung von seiner Kneipe sagte, man bekomme darin vielerlei Fleisch zu essen: Schweinefleisch, Speck, Schinken und geräuchertes Schweinefleisch. Auf Majorca bereitet man sicherlich mehr als zweitausend verschiedene Gerichte aus dem Schweinefleisch, und mehr als zweihundert Arten Würste, zu denen aber so viel Knoblauch, Pfeffer und andere scharfe Gewürze kommen, dass man bei jedem Bissen das Leben riskirt. Es können zwanzig Schüsseln auf den Tisch kommen, die verschiedenen christlichen Gerichten gleich sehen: trauet nicht, es sind höllische Broeken, vom Satan in eigener Person zugerichtet. Endlich erscheint zum Nachtische eine sehr gut aussehende Torte, mit Früchten, die überzu-

ckerten Orangen gleichen. Was ist's aber?: eine Schweinefleischtorte mit Knoblauch, mit »tomàtigas«, Liebesäpfeln und Pfeffer, das Ganze über und über mit weissem Salze bestreut, welches man seiner unschuldigen Farbe nach für Zucker halten könnte.

Hühner gibt es viele auf Majorca, allein sie sind nichts als Haut und Bein. Hätten wir zu Valldemosa Gesäme kaufen wollen, um solche zu mästen, so hätten wir dafür einen unerschwinglichen Preis bezahlen müssen. Die Meerfische, die man uns brachte, waren eben so mager und trocken, als die Hühner. Eines Tages kauften wir eine Seekatze, von der grösseren Art, um dieselbe zu untersuchen. Nie sah ich ein hässlicheres Thier: es war so dick wie ein Truthahn, seine Augen so gross als Orangen, seine schlaffen hässlichen Arme vier bis fünf Fuss lang. Die Fischer versicherten uns, es sei ein leckerer Bissen. Allein sein Aussehen dünkte uns nicht verführerisch und wir schenkten es der María Antonia, die es zubereitete und mit vielem Appetit verspeiste. Machte unser Staunen wegen der Seekatze uns bei diesen guten Leuten lächerlich, so war wenige Tage darauf mit etwas Anderem das Umgekehrte der Fall. Beim Herabsteigen vom Berge sahen wir, wie die Pagesos von ihrer Heimath weg und einigen Leuten auf dem Wege zuliefen, welche in einem Korbe ein Paar wunderbare, ausserordentliche, merkwürdige Vögel trugen. Die ganze Bevölkerung vom Berge kam durch den Anblick dieses unbekannten Geflügels auf die Beine. – Wovon nähren sie sich? fragten einige mit erstauntem Gesichte. Vielleicht von gar Nichts!

- Leben sie im Wasser oder auf dem Lande? – Wahrscheinlich immer in der Luft. – Endlich entdeckten wir, dass die beiden gefiederten Wunderthiere weder Condors noch Phönixe, noch Greifen, sondern zwei schöne zahme Enten waren, die ein Reicher einem seiner Freunde als Präsent zusandte.

Wie zu Venedig sind auf Majorca, die süssen Weine in reicher Fülle und ausgezeichneter Qualität vorhanden. Wir hatten für gewöhnlich Moscatel, der aber so gut und wohlfeil war, als der Zyperwein am Gestade des adriatischen Meeres. Allein die rothen Weine, deren Zubereitung eine förmliche, den Majorcanern unbekannte Kunst ist, sind hart, schwarzroth, brennend, alcoholhaltig und viel theurer, als unser ordinärer Franzwein. Alle diese hitzigen, zu Kopf steigenden Weine waren unserem Kranken und sogar uns äusserst nachtheilig, so dass wir beinahe immer Wasser tranken, welches ausgezeichnet war. Ich weiss nicht, ob ein Umstand, welchen wir in Bälde an uns gewahr wurden, der Reinheit dieses Quellwassers zuzuschreiben war: unser Zähne waren auf einmal so weiss geworden, wie selbst der geschickteste Zahnarzt sie nicht hätte machen können. Die Ursache lag vielleicht auch in unserer gezwungenen Nüchternheit. Da wir keine Butter hatten und das ranzige Fett, das übelriechende Öl und die scharfen Ingredienzien der landesüblichen Speisen nicht ertragen konnten, so lebten wir von magerem Fleische, von Fischen und Gemüsen, statt der Sauce mit Wasser gekocht, das wir üppiger Weise manchmal mit dem Safte einer frisch gepflückten Orange vermischten. Dagegen hatten wir ein splendides Dessert: Bataten von Málaga, eingemachte Gurken von Valencia und Trauben, die dem Lande Kanaan keine Schande gemacht hätten. Diese Trauben sind von weisser oder rother Farbe, länglich und haben ein ziemlich dickes Häutchen, so dass sie das ganze Jahr über aufbewahrt werden können. Sie sind von ausserordentlicher Güte und man kann soviel davon essen, als man nur will, ohne die Magenbeschwerde zu bekommen, welche die unsrigen verursachen. Die Trauben von Fontainebleau sind wässeriger und erfrischender, die auf Majorca süsser und fleischiger, jene stillen mehr den Durst, diese den Hunger. Diese Trauben, wovon einige zwanzig bis fünfundzwanzig Pfund wägen, müssten die Bewunderung des Malers erregen. Sie waren zur Zeit des Mangels unser Glück. Bauern glaubten uns dieselben sehr theuer zu verkaufen, indem sie uns das Vierfache ihres eigentlichen Werthes dafür bezahlen liessen. Allein sie wussten nicht, dass im Vergleich zu dem Preis der Trauben in Frankreich dieses immer noch nichts heissen wollte und so hatten also beide Theile das Vergnügen, sich über einander lustig zu machen. Was die Cactusfeigen anbelangt, so waren wir sämtlich darüber einverstanden, dass dieses wohl die abscheulichste Frucht ist, die es nur gibt. Ich wiederhole es noch einmal, wäre diese frugale Lebensweise nicht für einen von uns von äusserst nachtheiligen Wirkungen gewesen, so hätten wir sie im Ganzen ziemlich annehmbar gefunden. Es war uns gelungen, selbst auf Majorca, in einer abgelegenen Karthause den allerdurchtriebensten Bauern, mit denen es wir zu thun hatten, zum Trotze uns eine Art gemächlichen Lebens zu sichern. Wir hatten Fenster, Thüren und einen Ofen, einen Ofen, einzig in seiner Art, zu dessen Verfertigung der erste Schmied auf Majorca einen Monat gebraucht hatte und der uns auf hundert Franken zu stehen kam. Es war nichts Anderes, als ein eiserner Cylinder, mit einem Rohr, das zum Fenster hinaus reichte. Man brauchte eine gute Stunde um das Feuer darin anzumachen und kaum war dieses geschehen, so wurde er rothglühend und nachdem man lange Zeit die Fenster geöffnet hatte, um den Rauch hinauszulassen, musste man dieselben sogleich wieder öffnen, um auch die Hitze hinauszulassen. Überdies hatte der genannte Ofenkünstler ihn innerhalb mit einer Art Mastix bestrichen, wie die Indianer ihre Häuser und sogar ihre Körper aus Frömmigkeit mit Kuhkoth bestreichen, denn bekanntlich ist die Kuh bei ihnen ein heiliges Thier. So läuternd auch dieser heilige Geruch für die Seele sein mag, so versichere ich, dass er im Feuer auf die Geruchsnerven minder angenehm wirkte. Einen ganzen Monat hindurch, so lange dieser Mastix zum Trocknen brauchte, war es gerade als befänden wir uns in einem jener höllischen Zirkel, wo Dante die Speichellecker gesehen zu haben behauptet. Ich mochte mich hin und her besinnen, wie ich wollte durch welchen derartigen Fehler ich wohl eine solche Strafe verdient habe, welchen Potentaten, Papst oder König ich durch Schmeicheleien in seinem Wahne bestärkt haben möge; nicht einmal einen

Mientras se ríe no se llora.
Solange man lacht, weint man nicht.

Spanisches Sprichwort

Hasta la muerte todo es vida.

Bis zum Tod ist alles Leben.

Spanisches Sprichwort

Ladenjungen oder Kammerdiener hatte ich auf dem Gewissen, ja sogar nicht einmal eine Artigkeit gegen einen Gendarmen oder Journalisten!

Der Bruder Apotheker hatte zum Glücke vortreffliche Benzoe, die noch von dem Räucherwerk übrig geblieben war, womit man früher in der Kirche seines Klosters dem Bilde der Gottheit geräuchert hatte und diese himmlische Gabe bekämpfte in unserer Zelle die höllischen Ausdünstungen siegreich.

Unsere Einrichtung war splendide, wir besassen untadelhafte Gurtbetten, nicht allzuweiche Matratzen, welche theurer als die pariser, aber doch neu und reinlich waren, ferner grosse wattierte Fussteppiche, womit die Juden auf Palma handeln. Eine in dem Lande ansässige französische Dame hatte die Güte gehabt, uns einige Pfund Federn abzutreten, die sie von Marseille hatte kommen lassen und wir machten daraus zwei Kopfkissen für unseren Kranken. Dieses war fürwahr kein geringer Luxus in einem Lande, wo die Enten für ausserordentliche Wesen angesehen werden und die Hühner sogar noch Ungeziefer an sich haben, wenn sie gerade vom Spiesse weg kommen. Wir besassen mehrere Tische, mehrere Strohsessel, wie man sie bei uns in Bauerhütten sieht und einen prächtigen Sofa von weissem Holz, mit Kissen, die mit Segeltuch überzogen und mit Wolle gepolstert waren. Den unebenen staubigen Boden der Zelle bedeckten Valencia-Matten von langem Stroh, welche einem von der Sonne verbrannten Grasteppiche gleichen, und ausserordentlich feine, weisse Schaffelle, die man in dem Lande sehr gut zuzubereiten weiss. Wie in Africa und dem Orient, gibt es in Majorca in den alten Häusern, und besonders in den Karthäuserzellen, keine Schränke. Man schliesst seine Effecten in grosse Kisten von gewöhnlichem Holze ein. Unsere gelbledernen Koffer konnten daselbst für ziemlich elegante Möbel gelten. Ein grosses gewürfeltes Frauenzimmerhalstuch, das wir auf der Reise als Fussteppich benützt hatten, gab einen kostbaren Vorhang vor das Schlafzimmer und mein Sohn schmückte den Ofen mit einer schönen Urne von dem bekannten Felanitxer Thon, deren Form und Verzierungen in rein arabischem Geschmack gearbeitet waren. Dieses schöne, mit einer Efeuguirlande umwundene Gefäss hatte für einen Künstlerblick mehr Werth, als alle unsere vergoldeten Sèvresfabrikate. Das Pleyel'sche Piano, welches wir endlich nach dreiwöchiger Hatz um den Preis von vierhundert Franken von den Zollbeamten herausgeschlagen hatten, erfüllte das hohe, schallende Gewölbe der Zelle mit seinem herrlichen Tone. Endlich hatten wir mit Bewilligung des Sacristans einen schönen, aus Eichenholz geschnitzten gothischen Sessel, welchen in der alten Kapelle der Karthäuser nur Ratten und Würmer zernagt hatten, in unsere Zelle gebracht. Sein innerer Raum diente uns zur Aufbewahrung unserer Bibliothek, während seine kunstreichen Verzierungen der Zelle einem antiken, klösterlichen Charakter verliehen.

Señor Gómez, unser früherer Hausherr, der reiche Mann, welcher sein Haus insgeheim an uns vermiethet hatte, weil es sich nicht schickte, dass ein Bürger auf Majorca es sich anmerken liess, dass er mit seinem Eigenthum speculire, – dieser Gómez hatte Händel mit uns angefangen und mit einem Processe bedroht, weil wir in seinem Hause einige irdene Teller zerbrochen hätten, die er uns für chinesisches Porzellan aufhängte. Überdies mussten wir (ebenfalls durch seine Drohungen genöthigt) das Weissen und überhaupt alle Ausbesserungen in seinem Hause bezahlen. Alles unter dem Vorwande, die Krankheit möchte ansteckend wirken. Doch kein Unglück ist so schlimm, dass nicht immer auch etwas Gutes dabei wäre. So wusste er nichts Eiligeres zu thun, als uns das Weisszeug, dass er uns geliehen hatte, zu verkaufen. Obwohl er indes grosse Eile zeigte, sich alles dessen, was wir berührt hatten, zu entäussern, so marktete er doch so lange, bis wir ihm sein altes Weisszeug für neues bezahlt hatten. So mussten wir doch nicht erst Leinensamen säen, um später Leinenwand und Tischtücher zu bekommen, wie jener vornehme Italiener, der seinen Pagen Hemden versprochen hatte.

Man darf mich ja deswegen nicht der Kinderei beschuldigen, weil ich Plakkereien erwähne, die sicherlich meiner Börse weher tathen, als meinem Herzen: allein niemand wird es mir bestreiten wollen, dass der interessanteste Gegenstand, den man in einem fremden Lande beobachten kann, die Menschen sind. Und wenn ich sage, dass ich nicht im Mindesten mit den Majorcanern verkehren konnte, ohne auf unverschämte Unredlichkeit und unersättliche Habgier zu stossen, dass sie ferner mit ihrer Frömmigkeit vor uns prahlten und über unseren

„Gegen Abend wechseln

…haft von Stunde zu Stunde, indem sie immer … werden.“

Irrglauben Entrüstung anfechten, so wird man zugeben, dass die fromme Einfalt, welche gewisse Conservative in unseren Tagen so hoch preisen, nicht immer etwas so gar Erbauliches und Moralisches ist, und dass der Wunsch, nach einer anderen Art Gott zu begreifen und anzubeten, erlaubt sein muss.

Was mich betrifft, die ich schon so viele Gemeinplätze hören musste, wie z. B.: es ist unrecht und gefährlich, selbst einen Irrglauben anzugreifen, weil man nichts Besseres an seine Stelle zu setzen weiss. Die Völker, welche nicht von dem Gifte philosophischer Forschung und revolutionärer Tollheit angesteckt sind, sind allein moralisch gut, gastfreundschaftlich, aufrichtig, sie haben noch antike Poesie, Grösse und Tugenden, usw. usw! ... Was mich also betrifft, so habe ich über diese schweren Vorwürfe auf Majorca mehr gelacht als irgendwo auf der Welt. Als ich meinen Kindern, die in den verabscheuten philosophischen Grundsätzen erzogen sind, zusah, wie sie einen leidenden Freund hoben und trugen, sie allein mitten unter hundertsechzigtausend Majorcanern, die sich mit der unmenschlichsten Härte und dem feigsten Schrecken von der vermeintlich ansteckenden Krankheit abwandten, da dachte ich bei mir selbst: diese kleinen Ungeheuer besitzen mehr Vernunft und Nächstenliebe, als jene ganze Armee von Heiligen und Aposteln. Die frommen Diener Gottes ermangelten nicht, mich darauf aufmerksam zu machen, ich begehe dadurch, dass ich meine Kinder der Gefahr der Ansteckung aussetze, eine grosse Sünde und der Himmel werde sie mit derselben Krankheit heimsuchen, um mich für meine Verblendung zu züchtigen. Ich antwortete ihnen, wenn in unserer Familie Jemand recht krank würde, so würden die Andern nicht von seinem Bette weichen. Es sei in Frankreich seit der Revolution so wenig, als vor derselben Mode, die Kranken im Stiche zu lassen. Zur Zeit Napoleons seien spanische Gefangene mit den eckelhaftesten Krankheiten durch unser Land gekommen, unsere Landsleute haben ihre Hausgeräthe und Weisszeug mit denselben getheilt, ihnen ihre Betten abgetre-

ten und sie eigenhändig gepflegt. Viele seien sogar Opfer ihrer Nächstenliebe geworden und der Ansteckung unterlegen, dieses habe aber die Überlebenden nicht abgeschreckt, ferner Gastfreundschaft und Wohlthätigkeit zu üben. Hiezu schüttelten die Majorcaner den Kopf und lächelten mitleidig. Sie konnten es aber so wenig begreifen, wie man sich für einen Un bekannten aufopfern, als gegen einen Fremden ehrlich und gefällig sein möge. Und doch ist dieser Bauer sanft, gutmüthig, friedliebend, ruhig und geduldig. Er liebt das Böse nicht und von dem Guten weiss er Nichts. Er beichtet, verrichtet sein Gebet, sinnt unaufhörlich darauf, sich das Paradies zu verdienen, aber die eigentlichen Pflichten des Menschen sind ihm unbekannt. Er verdient aber deshalb eben so wenig, gehasst zu werden, als ein Ochse oder ein Schaf, denn er ist in nicht höherem Grade Mensch, als die in der Unschuld der Unvernunft fortvegetirenden Wesen. Er sagt seine Gebete her und ist abergläubisch wie ein Wilder, würde aber auch ohne Gewissens-

bisse Menschenfleisch essen, wenn dieses in seinem Lande Sitte wäre und ihm nicht Schweine genug zu Gebot ständen. Er lügt und betrügt, lästert und stiehlt ohne die mindesten Scrupel. Ein Fremder ist für ihn gar kein Mensch, unter keinen Umständen wird er einem Landsmanne nur eine Olive entwenden, aber jenseits des Meeres hat Gott die Menschen nur darum erschaffen, damit sie den Majorcanern Wildbret in die Küche jagen. Wir nannten oben Majorca die Affeninsel, weil wir, von diesen tückischen, räuberischen, aber den-

noch unschuldigen Thieren umge-ben, uns daran gewöhnt hatten immerwährend vor ihnen auf unserer Hut zu sein, was uns aber nicht mehr Ärger verursachte, als den Indern die flüchtigen Jockos und Orang-Outangs durch ihre Schelmenstreiche verursachen.

Indes gewöhnt man sich ohne ein trauriges Gefühl daran, Creaturen in Menschengestalt, die den Stempel göttlicher Abstammung an sich tragen, in einer Sphäre leben zu sehen, welche nicht die Sphäre der jetzigen Menschheit ist. Man fühlt wohl, dass dieses unvollkommene Wesen im Stande ist, zu begreifen, dass sein Geschlecht der Vervollkommnung fähig, dass seine Zukunft dieselbe, wie die weiter vorangeschrittener Geschlechter ist und dass es sich hier um eine Zeitfrage handelt, die in unseren Augen wichtig und für die Ewigkeit von unberechenbaren Folgen ist. Allein, je stärker das Gefühl dieser Perfectibilität, desto mehr leidet man dabei, wenn man dieselbe durch die hemmende Einwirkung der Vergangenheit aufgehalten sieht. Wir fühlen es im Herzen, im Geiste, kurz im ganzen Wesen, dass das Leben aller andern Menschen mit dem unsrigen in Zusammenhange steht und dass wir gegenseitige Verständigung und Unterstützung nicht entbehren können. Das Gefühl intellectueller und moralischer Überlegenheit über Andere kann nur ein hochmüthiges Herz erfreuen. Meine Ansicht ist, ein edelmüthiges Herz sollte nicht etwa sich zu dem, was unter ihm steht, herablassen und sich demselben gleich machen, sondern dasselbe auf einmal zu sich emporzuheben suchen, um endlich ein eigent-

„Und doch ist es wahr, das weiss ich selbst, d
was ma

das, was man sieht, dem nicht gleichkommt,
räumt."

liches Leben der Sympathie, des Austausches, der Gleichheit und Gemeinschaftlichkeit, die das religiöse Ideal des menschlichen Wissens ist, zu leben. Ich bin überzeugt, dieses Bedürfnis liegt tief in jedem Herzen begründet, und diejenigen von uns, welche dasselbe bestreiten und durch Sophismen zu ersticken glauben, empfinden hiebei einen eigenen, bitteren Schmerz, dem sie keinen Namen zu geben wissen. Dijenigen Menschen, welche auf einer niedrigeren Stufe stehen, mühen und härmen sich ab, wenn sie nicht höher steigen können. Diejenigen, welche oben sind, ärgern und betrüben sich, jenen umsonst die Hand zu reichen. Und Solche, die Niemandem die Hand bieten wollen, vergehen in ihrer Einsamkeit fast vor langer Weile und Unbehaglichkeit, bis sie in einen Zustand der Rohheit zurücksinken, der sie noch unter die Erstgenannten erniedrigt.

Wir waren also auf Majorca allein, eben so allein wie in einer Einöde und wenn wir im Kampfe mit den Affen unsere Leibesnahrung für je einen Tag herausgeschlagen hatten, so setzten wir uns traulich um den Ofen herum und lachten über unsere Abenteuer. Allein, je weiter der Winter vorrückte, desto mehr verscheuchte in meiner Brust Traurigkeit die heitere, fröhliche Stimmung. Der Zustand unseres Kranken ward täglich bedenklicher, draussen heulte der Wind, schlug der Regen an die Fensterscheiben, durchdrang das Brüllen des Donners die dichten Mauern unserer Wohnung und tönte schauerlich zu dem Lachen der spielenden Kinder. Adler und Geyer, durch den Nebel kühn gemacht, zerrissen unsere armen Sperlinge sogar auf dem Granatbaum unter meinem Fenster. Das wüthende Meer verhinderte jede Landung, wir waren Gefangene, fern von aller Hülfe aufgeklärter und mitfühlender Menschen. Der Tod schien über uns hinzuschweben, um Einen von uns abzuholen und wir hatten Niemand, der uns half. Keine sterbliche Seele um uns, die nicht im Gegentheil ihn ins Grab wünschte um der vermeintlichen Gefahr seiner Nachbarschaft nur möglichst schnell los zu werden. Dieser Gedanke war äusserst betrübend. Wir fühlten es wohl stark genug, einander gegenseitig die Pflege und Aufopferung, die Hülfe und Sympathie, die uns verweigert wurden, zu ersetzen. Ich glaube sogar, dass bei solchen Prüfungen das Herz weiter und die Liebe stärker wird. Allein es that uns im Innersten wehe, uns unter Wesen hinein verschlagen zu sehen, welche dieses Gefühl nicht begriffen und für welche wir das schmerzlichste Mitleid fühlen mussten, obwohl sie durchaus kein Bedauern mit uns zeigten.

Ich hatte furchtbar viel durchzumachen. Ich besitze durchaus keine wissenschaftlichen Kenntnisse und doch hätte es noth getan, ich wäre ein Arzt, und zwar ein geschickter Arzt gewesen, um die Krankheit zu heilen, für die alle Verantwortlichkeit auf mir lastete. Der Arzt, welcher uns besuchte und dessen guten Willen und Talent ich durchaus nicht in Zweifel ziehen will, täuschte sich, wie ja jeder, selbst der berühmteste Arzt sich täuschen kann und wie nach eigenem Geständnisse jeder Gelehrte, der aufrichtig ist, sich schon oft getäuscht hat. An die Stelle der Luftröhrenentzündung war eine nervöse Gereiztheit getreten, welche mehrere Anzeichen einer Luftröhrenschwindsucht mit sich brachte. Der Arzt, welcher diese Anzeichen in gewissen Augenblicken bemerkt hatte, und die entgegengesetzten Symptome, die ich zu anderen Zeiten beobachtete, nicht sah, hatte die Mittel für einen Schwindsüchtigen, eine Aderlässe, Diät und Milchspeisen verordnet. Alle diese Dinge waren gerade verkehrt, die Aderlässe hätte sogar tödtlich werden können. Der Kranke hatte eine Ahnung davon und ich, die ich, ohne etwas von Arnzeikunde zu verstehen, schon viele Kranke pflegte, hatte dasselbe Vorgefühl. Und doch getraute ich mir nicht, diesem Instinkt, der mich irre leiten konnte, zu folgen und den Anordnungen eines Mannes vom Fache zuwider zu handeln, und wenn ich dann sah, wie es mit dem Kranken immer schlimmer wurde, so befiel mich eine unnennbare Angst. Eine Aderlässe, dachte ich, könnte ihn retten, unterlassen wir sie, so stirbt er. Doch eine Stimme sagte mir sogar im Traume: Eine Aderlässe würde ihn tödten und wenn du dieselbe verhinderst, so wird er nicht sterben. Ich bin überzeugt, dieses war die Stimme der Vorsehung, und nun, wo unser Freund, der ehemalige Schrecken der Majorcaner, so wenig schwindsüchtig ist als ich, danke ich dem Himmel dafür, dass ich das Vertrauen, welches uns rettete, nicht aufgab.

Was die verordnete Diät betrifft, so war dieselbe ganz verkehrt. Als wir ihre schlimmen Wirkungen gewahr wurden, hielten wir uns so wenig als möglich an sie. Allein zum Unglücke hatten wir bloss die

„Plötzlich hörten die so heiteren Nächte auf und die Regenzeit begann. Eines Morgens vernahmen wir, nachdem der Wind die Nacht hindurch geheult und der Regen an die Fenster geschlagen hatte, beim Erwachen das Brausen des Wassers.“

Wahl zwischen den furchtbar gewürzten Speisen des Landes und dem allerfrugalsten Tische. Die Milchspeisen, deren nachtheilige Folgen wir später kennen lernten, waren glücklicher Weise auf der Insel rar. Wir meinten damals noch, Milch tue Wunder und gaben uns alle nur ersinnliche Mühe, um solche zu bekommen. Im Gebirge gibt es aber keine Kühe und die Ziegenmilch, welche wir kauften, wurde von den Kindern, welche sie uns brachten, unter Wegs immer zur Hälfte ausgetrunken, dessen ungeachtet brachten sie aber die Gefässe voller zu uns, als sie ursprünglich gewesen waren. Dieses Wunder geschah jeden Morgen für den frommen Boten, während er im Klosterhofe, neben dem Brunnen, sein Gebet verrichtete. Um diesen Wundergeschichten ein Ende zu machen, schafften wir eine eigene Ziege an. Es war dieses das sanfteste, liebenswürdigste Thier von der Welt, eine allerliebste africanische Ziege, mit glatten, kamelartigen Haaren, einem ungehörnten Kopfe, einer platten Nase und hängenden Ohren. Diese Thiere unterscheiden sich wesentlich von den unsrigen. Sie haben eine rehartige Haut und das Profil eines Schafes, nicht die verschlagene, störrige Physiognomie unserer munteren Ziegen, im Gegentheil scheinen sie sehr melancholisch zu sein. Auch dadurch unterscheiden sie sich von den unsrigen, dass sie ganz kleine Zitzen haben und äusserst wenig Milch geben. Wenn sie alt werden, so bekommt diese Milch einen herben wilden Geschmack, wovon die Majorcaner viel Aufhebens machen, der uns aber widerlich vorkam. Unsere Ziege hatte eben zum ersten

Male Junge geworfen, sie war erst zwei Jahre alt und ihre Milch sehr schmackhaft, allein sie tath äusserst spröde damit, besonders wenn sie sich von der Heerde entfernte, mit welcher sie gewöhnlich auf dem Gebirge nicht herumhüpfte (dafür gleichsam zu ernst, zu sehr Majorcanerin), sondern vor sich hinbrütete und dann in einen Spleen verfiel, welcher ziemliche Ähnlichkeit mit dem unsrigen hatte. Und doch gab es so schönes Gras in dem Garten und die aromatischen Kräuter, welche früher die Karthäuser angepflanzt hatten, wuchsen noch in den Rinnen unseres Parterres, allein Nichts vermochte sie über ihre Gefangenschaft zu trösten. Trostlos irrte sie in den Klostergebäuden umher und stiess Jammertöne zum Erbarmen aus. Da gaben wir ihr ein dickes Schaf zur Gesellschafterin, dessen weisse, dichte Wolle sechs Zoll lang war, eines jener Schafe, wie man sie in unserem Lande häufig bei Spielwarenhändlern oder auf den Fächern unserer Urgrossmütter sieht. Diese ausgezeichnete Gesellschafterin beruhigte sie wieder ein wenig und gab uns zugleich selbst auch eine ziemlich

„Auf Mallorca hüllt eine zusammenhängende Wolke die ganze Insel ein und bleibt über derselben stehen, bis sie ganz erschöpft ist.
Es ist unbegreiflich, wie wenig Vorkehrungen die Mallorcaner gegen die Stürme und Regengüsse treffen. Ihre Täuschung oder Grosstuerei ist in dieser Beziehung so auffallend, dass sie diese zwar vorübergehenden, aber starken Unannehmlichkeiten ihres Klimas sogar völlig ableugnen wollen. Die ganzen zwei Monate hindurch, während welcher eine wahre Sindflut herabströmte, behaupteten sie fortwährend, es regne auf Mallorca gar nie.“

fette Milch. Allein Beide zusammen gaben, obwohl wir sie sehr gut hielten, eine so kleine Quantität Milch, dass wir auf den Gedanken kamen, die häufigen Besuche der María Antonia, der Nina und Catalina im Stalle möchten daran Schuld sein. Wir schlossen sie deshalb in einem Höfchen in der Nähe des Glockenthurmes ein und molken von nun an immer selbst. Mit Mandelmilch vermischt, welche ich und meine Kinder bereiteten, gab diese Milch ein ziemlich gesundes, angenehmes Getränke. Wir konnten kein anderes bekommen, alle sonstigen Arzneimittel, die man auf Majorca haben konnte, waren furchtbar unreinlich. Der schlecht raffinirte Zucker, der von Spanien eingeführt wird, ist schwarz, ölicht und wirkt auf Solche, die nicht daran gewöhnt sind, purgirend. Eines Tages erblickten wir in dem Garten eines reichen Gutsbesitzers Veilchen, was uns grosse Freude verursachte. Er erlaubte uns, so viel davon zu pflücken, als wir zu einem Tränkchen brauchten, und nachdem wir eine hinreichende Anzahl gesammelt hatten, liess er sich von uns für jedes Veilchen einen Sou und zwar einen majorcanischen Sou, auf den drei französische gehen, bezahlen.

Hiezu kam noch das Unangenehme, dass wir unsere Zimmer selbst scheuern und unsere Betten eigenhändig machen mussten, wenn wir keine schlaflose Nacht haben wollten, denn die majorcanische Magd konnte Nichts anrühren, ohne dem berührten Gegenstande eine Menge von den Gästen mitzutheilen, welche meine Kinder an dem gebratenen Huhn so sehr ergötzt hatten. Es blieben uns zur Arbeit und zum Spazierengehen kaum einige Stunden übrig, die aber aufs Beste verwendet wurden. Die Kinder waren auf alles aufmerksam und wir durften bloss vor die Thüre gehen, so befanden wir uns sogleich in den schönsten Landschaften. Bei jedem Schritte zeigte sich in der weiten Gebirgskette eine pittoreske Ansicht, eine kleine Kapelle auf einem jähen Felsen, eine Rosenhecke an einem Abhange, eine Eremitage neben einer Quelle, eine Masse Steine auf riesenmässigen, mit Moos und Epheu bewachsenen Felsstücken. Zeigte sich nur ein Sonnenblick, so nahmen alle diese Gegenstände eine schimmernde Farbe an und warfen wunderschöne Reflexe.

Wir machten besonders zwei bemerkenswerte Spaziergänge. Der erstere bot uns wundervolle Ansichten und doch kann ich mich seiner nicht mit Vergnügen erinnern: unser Kranker, welcher sich damals noch wohl befand (es war im Anfang unseres Aufenthalts auf Majorca), begleitete uns und verspürte gleich darauf eine Mattigkeit, welche den Ausbruch seiner Krankheit zur Folge hatte. Das Ziel unseres Spaziergangs war eine Eremitage, die drei Meilen von der Karthause am Meeresgestade lag. Wir folgten dem Gebirgszuge zur Rechten und stiegen von Hügel zu Hügel, auf einem steinigen Wege, der uns die Füsse wund machte. Bei jeder Biegung des Fusspfades hatten wir die grossartige Aussicht auf das Meer. Es war dieses das erste Mal, dass ich so fruchtbare Ufer sah, die unmittelbar bis an die Wogen mit Bäumen und Kräutern bewachsen waren, ohne dass nackte Felsen und sandiges Flachland das Auge

auf uns zu, seine kurz geschnittenen Haupthaare und sein schmutziger Bart hatten nichts Pittoreskes. Er erzählte uns von dem strengen Leben, das er führe und besonders von der unerträglichen Kälte, die an diesem Ufer herrsche. Als wir ihn fragten, ob es manchmal Eis gäbe, konnten wir ihm durchaus nicht begreiflich machen, was das sei. Er kannte dieses Wort in keiner Sprache und hatte niemals von einem kälteren Lande als Majorca, etwas gehört. Doch hatte er eine Idee von Frankreich, da er 1830 die nach Algier bestimmte Flotte hatte vorübersegeln gesehen. Dieses war das schönste, wunderbarste, ja man darf sagen, das einzige Schauspiel gewesen, dass er in seinem Leben genossen. Er fragte uns, ob es den Franzosen wirklich gelungen sei, Algier zu erobern, und als wir ihm sagten, sie haben Constantine genommen, so machte er grosse Augen und rief aus, die Franzosen seien ein grosses Volk.

Man führte uns in eine kleine, äusserst unreinliche Zelle, wo wir den Ältesten der Eremiten fanden. Wir hielten ihn für einen Greis von hundert Jahren und erstaunten nicht wenig, als wir hörten, er sei erst achtzig. Er war vollkommen blödsinnig, obwohl er mit seinen erdfahlen, zitternden Händen noch maschinenmässig hölzerne Löffel schnitzte. Er kümmerte sich nicht um uns, obgleich er nicht taub war, und als der Prior ihn beim Namen rief, erhob er seinen enormen Kopf, den man hätte für wächsern halten können, und zeigte uns ein abscheulich dummes Gesicht. In diesem armen missgestalteten Gesichte waren die Spuren eines ganz in intellectueller Erniedrigung hingebrachten Lebens zu lesen und ich musste die Augen von dem peinlichen Anblicke abwenden. Wir gaben den Mönchen ein Almosen, denn sie gehören einem Bettelorden an und stehen noch in grossem Ansehen bei den Landleuten, die ihnen Nichts abgehen lassen.

Auf dem Rückweg nach der Karthause überfiel uns ein heftiger Wind, der uns mehrmals umwarf und unseren Kranken dergestalt ermüdete, dass er beinahe nicht mehr weiter gehen konnte.

Der zweite Spaziergang fand einige Tage vor unserer Abreise von Majorca statt und dieser machte einen Eindruck auf mich, den ich in meinem Leben nicht vergessen werde, nie rührte mich der Anblick der Natur in so hohem Grade. Die Regenzeit hatte endlich aufgehört und der Frühling erschien wie durch einen Zauberschlag. Es war Februar, alle Mandelbäume standen in der Blüthe und die Wiesen füllten sich mit duftenden Jonkilien. Abgesehen von der Farbe des Himmels und dem lebhaften Tone der Landschaft, war dieses der einzige Unterschied zwischen den beiden Jahreszeiten, die das Auge bemerkt, denn die Bäume in dieser Gegend sind grössten Theils ausdauernd. Diejenigen, welche bald treiben, leiden keinen Schaden von dem Froste, die Wiesen behalten ihr frisches Aussehen und nur ein Sonnenblick, so zeigen sich die Blumen. Während unser Garten einige Zoll tief Schnee hatte, schaukelte der Wind in unseren vergitterten Beeten hübsche Röschen, die zwar etwas blass aussahen, aber doch einen äusserst angenehmen Eindruck machten.

Da ich auf der nördlichen Seite das Meer von der Klosterpforte erblicken konnte, so machten ich und meine Kinder uns an einem Tage, wo der Kranke schon im Stande war, einige Stunden allein zu bleiben, auf den Weg, um das Ufer auch von dieser Seite zu sehen. Bisher hatte ich durchaus kein Verlangen danach verspürt, obwohl meine Kinder, die lustig hüpften und sprangen, mir versicherten, dieses sei der schönste Platz auf der ganzen Welt. Sei es nun, dass der Besuch in der Eremitage, welcher die unmittelbare Veranlassung zu unseren Leiden gewesen war, mich für immer missgestimmt hatte, oder dass ich von der Ebene aus keine so schöne Aussicht auf das Meer erwartete, wie ich sie vom Berge gehabt hatte, kurz, ich war seither nie wieder in Versuchung gerathen, das Valldemosathal zu verlassen. Ich sagte eben, dass auf dem Punkte, wo die Karthause steht, die Gebirgsseite sich öffne und dass eine sanft abhängige Ebene sich zwischen ihren breiten Armen bis ans Meer hinabziehe. Da ich nun täglich am Horizont den Meeresspiegel sich über diese Ebene erheben sah, so verfiel mein Auge und mein Verstand in einen sonderbaren Irrthum: statt zu bemerken, dass die Ebene aufwärts ging und in ganz geringer Entfernung von mir plötzlich aufhörte, bildete ich mir ein, sie ziehe sich gegen das Meer hin sanft abwärts und das Ufer sei noch fünf bis sechs Meilen entfernt. Wie mir nun erklären, dass dieses Meer, welches mir in gleichem Niveau mit der Karthause erschien, zwei- bis dreitausend Fuss unter derselben liegen sollte? Es fiel mir wohl manchmal

gut hörte, während es doch so fern sei, allein ich forschte dieser Erscheinung nicht weiter nach. Ich sah nicht, dass der Meeresspiegel, über den meine Augen hingleiteten, fünfzehn bis zwanzig Meilen vom Ufer entfernt lag, während die Wogen sich kaum eine halbe Stunde von der Karthause entfernt an der Insel brachen. Daher fand ich niemals Zeit, wenn meine Kinder mich baten, mit ihnen ans Meer zu gehen und sagten, dasselbe sei nur einige Schritte entfernt. Ich meinte immer, es seien dieses Kinder-, d. h. eigentlich Riesenschritte, denn bekanntlich denken die Kinder niemals an den Weg und die Siebenmeilenstiefel des kleinen Zwergs sind ein Bild, welches andeuten soll, dass Kinder um die ganze Welt herumlaufen würden, ohne es zu merken.

Endlich liess ich mich doch von ihnen fortziehen, aber in der Überzeugung, dass wir das phantastische Ufer, welches mir so ferne schien, nicht erreichen werden. Mein Sohn behauptete, den Weg zu wissen. Allein, da Alles Weg heisst, wenn man Siebenmeilenstiefel an hat, und ich seit langer Zeit immer nur in Pantoffeln gehe, so entgegnete ich ihm, dass ich nicht über Gräben, Hecken und Bäche springen könne, wie er und seine Schwester. Seit einer Viertelstunde merkte ich, dass es gegen das Meer nicht abwärts ging, denn die Bäche flossen uns entgegen, und je weiter wir kamen, desto mehr schien das Meer am Horizont zu verschwimmen. Endlich glaubte ich, wir wenden ihm den Rükken zu und entschloss mich, den nächsten Besten, dem ich begegnen würde, zu fragen, ob Meer kommen könnten.

Unter einem Weidengebüsche, in einem morastigen Graben, erblickten wir drei Hirtinnen, vielleicht drei verkleidete Feen, welche den Koth mit Schüppen umgruben, um darin irgend einen Talisman oder ein Kraut zu suchen. Die eine hatte bloss einen Zahn, dieses war wahrscheinlich die Fee Dentue, dieselbe, welche ihre Gräuel mit diesem einzigen, abscheulichen Zahn in einem Kessel umrührte. Die andere Alte war allem Anschein nach Carabosse, die Todfeindin aller orthopädischen Anstalten. Beide schnitten uns grässliche Gesichter. Die erste blöckte ihren furchtbaren Zahn gegen meine Tochter, deren frisches Aussehen ihren Appetit erregte, die zweite schüttelte den Kopf und schwang ihre Krücke, um meiner Tochter, deren aufrechte, elastische Gestalt ihr ein Abscheu war, die Lenden entzwei zu schlagen. Allein die dritte, ein schönes, junges Mädchen, hüpfte mit Leichtigkeit über den Graben, warf ihre Kaputze über die Schultern zurück, winkte uns, ihr zu folgen und ging vor uns her. Dieses war sicherlich eine gute Fee, in der Tracht einer Bergbewohnerin, der es beliebte, sich Perica zu nennen.

Perica ist das artigste Geschöpf, das ich auf Majorca gesehen. Sie und meine Ziege sind die beiden einzigen Wesen, die mich ein wenig an Valldemosa fesselten. Das Mädchen war so schmutzig, dass selbst die Ziege sich daran geschämt hätte, allein nachdem sie ein wenig im Grase gegangen, wurden ihre blossen Füsse nicht etwa weiss, sondern niedlich, wie die einer Andalusierin, und ihr holdes Lächeln, ihr

zutrauliches, naseweises Geplauder und ihre uneigennützige Gefälligkeit machten sie für uns sehr schätzenswerth. Sie war sechszehn Jahre alt und ihr rundes Gesicht hatte die reinsten Züge, sie war so regelmässig und schön gebaut, wie eine griechische Statue. Ihr Wuchs war schlank, wie eine Weide und ihre Arme hatten eine nussbraune Farbe. Unter ihrem Rebozillo von grobem Tuche wallte ihr Haar unordentlich hervor und glich dem Schweife eines Fohlens. Sie führte uns bis an die Grenze ihres Gebiets, sodann ging es durch eine mit Bäumen und grossen Felsstücken bedeckte Flur und ich sah endlich gar nichts mehr vom Meere, was mich auf den Gedanken brachte, wir gehen ins Gebirge und die schelmische Perica führe uns mit Fleiss irre. Allein plötzlich zog sie einen leichten Schlagbaum, welcher den Eingang in den Wiesengrund verschloss, auf, und wir wurden einen Fussweg gewahr, der sich um einen grossen, zuckerhutförmigen Felsen herumwand. Wir wandten uns mit dem Fusspfade und standen, wie durch einen Zauberschlag, über dem Meere.

Die erste Wirkung dieses unerwarteten Schauspiels war stummes Erstaunen, erschöpft sank ich auf einen Sitz nieder. Nach und nach erholte ich mich und hatte sogar die Kühnheit, den Fusssteig hinabzugehen, obgleich er nicht für einen menschlichen Fuss, sondern höchstens für Ziegen berechnet zu sein schien. Was ich sah, war so schön, dass ich für den Augenblick nicht bloss Siebenmeilenstiefel, sondern sogar Schwalbenflügel im Kopfe hatte. Ich fing an, um die Spitzen grosser Kalkfelsen herum-

„Ein unermessliches Ganzes, unendliche Abwechslung, verworrene Formen, tausenderlein unbestimmte Farben und Schattierungen, alles buntdurcheinander, so dass der Kunst nichts mehr hinzuzufügen übrigbleibt. Noch nie sah ich zugleich etwas Lachenderes und Melancholischeres als diese Aussichten.“

zugehen, die gleich Riesen von fünfzig bis achtzig Fuss Höhe an dem Ufer hin standen und suchte immer den Hintergrund einer Bucht zu entdecken, welche sich zu meiner Rechten ausdehnte und worin die Fischerbarken mir nur noch so gross erschienen, wie Nusschalen. Plötzlich sah ich vor und hinter mir nichts mehr, als das blaue Meer. Der Fusssteig war, weiss kein Mensch wohin, gekommen. Über meinem Kopfe rief Perica und meine Kinder, die mir auf dem Fusse folgten, riefen noch lauter. Ich wandte mich um und sah meine Tochter in Thränen. Ich ging einige Schritte rückwärts, um sie nach der Ursache zu fragen und begriff, nachdem ich mich ein wenig besonnen, dass der Schrecken und die Verzweiflung der guten Kinder ihren triftigen Grund gehabt hatten. Nur einen Schritt weiter und ich wäre schneller abwärts gekommen, als mir lieb gewesen wäre, ausser ich hätte dann etwa gleich einer Mücke an einer Wand gehen können, denn die Felsen, worauf ich stand, überragten den kleinen Golf und unten war die Insel tief ausgehöhlt.

Als ich gewahr wurde, in welche Gefahr ich meine Kinder hineingezogen hatte, überfiel mich ein tödtlicher Schrecken und ich kehrte eilends mit ihnen zurück. Als ich sie jedoch hinter einem der zuckerhutförmigen Felsen in Sicherheit gebracht hatte, erfasste mich aufs Neue eine rasende Begierde, den Hintergrund der Bucht und den unteren Theil des ausgehöhlten Felsens zu sehen. Ich ahnte dort etwas, was ich noch nie erblickt und fort riss mich meine Einbildungskraft. Ich stieg auf einem anderen Wege hinab, wobei ich mich an den Gewächsen und Felsensprüngen festhielt. Endlich erblickte ich den unermesslichen Schlund, woran die Wogen sich mit grausig schönem Getöse brachen. Ich weiss nicht, welche zauberischen Accorde ich zu hören, welche unbekannte Welt ich zu entdecken glaubte, als plötzlich mein Sohn mich voll Schrecken und Ärger rückwärts riss, so dass ich nicht gar auf die sanfteste Weise zu Boden fiel. Das gute Kind bat mich so schön, dass ich auf mein Vorhaben verzichtete, jedoch nicht ohne ein Bedauern, das mir noch jetzt nachgeht. Denn meine Pantoffeln werden von Jahr zu Jahr schwerfälliger und ich glaube nicht, dass die Adlerschwingen, welche ich an jenem Tage hatte, mich jemals wieder an ähnliche Gestade tragen werden.

Und doch ist es wahr, das weiss ich selbst so gut als jeder andere, dass das, was man sieht, dem nicht gleichkommt, was man träumt. Allein, absolut wahr ist dieses bloss in Beziehung auf Kunst und Menschenwerk. Sei es nun, dass meine Einbildungskraft gewöhnlich träge ist, oder dass Gott mehr Talent hat als ich (was nicht unmöglich wäre), ich für meine Person habe die Natur in den meisten Fällen unendlich schöner gefunden, als ich mir eingebildet hatte. Widerlich fand ich sie gar nie, ausser in Stunden, wo ich dieses selbst war. Ich werde mich deshalb nie ganz darüber trösten, dass ich nicht um den Felsen herumkommen konnte. Vielleicht hätte ich da Amphitrite in eigener Person, unter einem Gewölbe von Perlmutter sitzend und die Stirn mit lebendigem Meergras bewachsen, erblickt.

Statt dessen erblickten wir nichts, als Kalksteinfelsen, wovon die einen gleich Säulen übereinander standen, die anderen gleich Tropfsteingebilden Höhlen bildeten, alle aber bizarre Formen und phantastische Lagen hatten. Über den Abgrund hin hingen Bäume von unglaublicher Stärke, aber sämtliche vom Sturme zerrissen und halb entwurzelt, und aus der Tiefe dieses Abgrundes erhob ein anderes Gebirge seinen Gipfel bis in die Wolken, ein Gebirge von Krystall, Diamanten und Saphiren. Bekanntlich bringt das Meer, von einer beträchtlichen Höhe aus übersehen, die Täuschung hervor, dass man es für eine verticale Fläche hält. Dieses mag erklären, wer da will, ich kann es nicht. Meine Kinder wollten Pflanzen mit nach Hause nehmen, auf diesen Felsen gedeihen die wunderschönsten Liliengewächse. Endlich rissen wir drei mit vereinten Kräften eine scharlachrothe Narzissenlilie samt der Zwiebel aus, die wir aber nicht bis zur Karthause brachten, so schwer war sie. Mein Sohn schnitt sie in Stücke und nahm ein Fragment von dieser wunderbaren Pflanze, das die Grösse eines Kopfes hatte, mit sich, um es unserem Kranken zu zeigen. Perica hatte unter Wegs ein grosses Reissigbündel gesammelt, womit sie uns bei ihren raschen, unvorsichtigen Bewegungen alle Augenblicke an die Köpfe stiess, und führte uns bis an den Eingang des Dorfes zurück. Ich nöthigte sie mit bis an die Karthause, wo ich ihr ein kleines Geschenk gab, das sie durchaus nicht annehmen wollte. Arme, gute Perica, du wusstest nicht und erfährst wohl auch niemals, wie

wohl es mir that, dass du mir mitten unter lauter Affen eine sanfte, liebenswürdige und uneigennützig gefällige menschliche Creatur zeigtest! Am Abend sprachen wir alle unsere Freude darüber aus, dass wir nun doch Valldemosa nicht verlassen dürften, ohne daselbst wenigstens ein gefühlvolles Wesen gefunden zu haben.

Zwischen diesen beiden grösseren Spaziergängen, die wir auf Majorca machten, fielen noch mehrere kleinere, von denen ich aber schweigen will aus Furcht, meinen Leser mit einem monotonen Enthusiasmus für diese Natur zu langweilen, die durchaus schön und durchaus mit pittoresken Gebäuden, Hütten, Palästen, Kirchen und Klöstern geschmückt ist.

Sollte einmal einer unserer berühmten Landschaftsmaler Majorca besuchen, so recommandire ich ihm das Landhaus La Granja de Fortuny, mit dem Thälchen voll Citronenbäumen, das sich über dessen Marmorcolonnaden ausbreitet, sowie den Weg, welcher dahin führt. Jedoch auch sonst wird er auf dieser Zauberinsel nicht zehn Schritte weit kommen können, ohne jeden Augenblick stille zu stehen, bald vor einer von Palmenbäumen beschatteten arabischen Cisterne, bald vor einem steinernen Kreuze, einem werthvollen Werke des fünfzehnten Jahrhunderts, bald vor dem Saume eines Olivenwäldchens. Nichts kommt den stark hervortretenden, bizarren Formen dieser gewaltigen, alten Bäume gleich, von denen die Majorcaner behaupten, sie seien bei der Eroberung ihrer Insel durch die Römer angepflanzt worden. Als ich die furchtbare Gestalt, die grenzenlose Dicke und die sonderbaren Stellungen dieser geheimnisvollen Bäume sah, da zeigte meine Einbildungskraft sich beinahe willig, dieselben für Zeitgenossen Hannibals zu nehmen. Ergeht man sich abends in ihrem Schatten, so muss man sich selbst immer wieder daran erinnern, dass dieses Bäume sind. Denn wenn man seinen Augen und seiner Einbildung traute, so würde man sich mitten unter phantastische Ungeheuer versetzt glauben, von denen die einen sich gleich riesigen Drachen mit gähnenden Rachen und ausgebreiteten Flügeln herabkrümmen, andere gleich schlafenden Boaschlangen um sich selbst herumwinden und noch andere sich gleich ringenden Riesen umfasst halten. Hier springt ein Centaure mit irgendeinem abscheulichen Weibsbilde auf dem Rücken davon. Dort ist ein unbekanntes Reptil, welches eine zitternde Hirschkuh hinunterwürgt, etwas weiter entfernt ein Satyr, welcher mit einem Bocke tanzt, den er noch an Hässlichkeit übertrifft, und oft ist es ein einziger geborstener, knorriger, krummgewachsener Baum, den man für eine Gruppe von zehn verschiedenen Bäumen hält und welcher alle diese verschiedenen Ungeheuer vorstellt, welche sich in einem Kopfe vereinigen, grässlich, wie bei den indianischen Götzenbildern, und mit einem einzigen grünen Ast, wie mit einem Helmschmuck, gekrönt. [...]

Es war eine schöne Landschaft, wo ich und mein vierzehn Jahre alter Sohn beinahe ertrunken wären, wobei er sich jedoch äusserst muthig erwies, und ich noch im Stande war, zu sehen, wie an diesem Abende die Natur sich so erzromantisch, erznärrisch und erhaben ausnahm.

Wir Beide waren mitten in der Regenzeit von Valldemosa abgegangen, um den unerbittlichen Douaniers zu Palma das Pleyel'sche Piano abzukämpfen. Der Morgen war schön und die Wege gangbar gewesen, allein, während wir durch die Stadt gingen, begann der Platzregen auf einmal wieder. Hier will man sich auch über Regen beklagen und weiss nicht einmal, was das ist: unsere längsten Regengüsse dauern kaum zwei Stunden, eine Wolke folgt auf die andere, und in der Zwischenzeit tritt immer eine kleine Pause ein. Auf Majorca dagegen hüllt eine zusammenhängende Wolke die ganze Insel ein und bleibt über derselben stehen, bis sie ganz erschöpft ist. Dieses dauert vierzig bis fünfzig Stunden, ohne Unterbrechung und mit immer gleicher Heftigkeit fort. Gegen Sonnenuntergang bestiegen wir unseren Birlocho wieder, in der Hoffnung, die Karthause in drei Stunden zu erreichen. Wir brauchten jedoch deren sieben und wären beinahe gleich Fröschen in einer improvisirten Lache abgesetzt worden. Der Fuhrmann war äusserst schlimmer Laune, er hatte unzählige Schwierigkeiten entgegengesetzt, um nicht abfahren zu dürfen: dem Pferde fehlten einige Eisen, sein Maulthier hinkte, eine Axe war entzwei und was weiss ich Alles? Wir kannten aber die Majorcaner bereits zu genau, um ihnen zu glauben und zwangen ihn, seinen Bock zu besteigen, wo er in den ersten Stunden das finsterste Gesicht schnitt, das sich nur denken lässt. Er sang nicht und schlug unsere Cigarren aus, er fluchte nicht ein-

mal auf sein Maulthier und das war ein sehr schlimmes Zeichen, er hatte den Tod im Herzen. In der Hoffnung, uns abzuschrecken, schlug er gleich den schlechtesten unter den ihm bekannten sieben Wegen ein. Bald hatten wir den Fluss erreicht und fuhren in denselben hinein, um jedoch nicht sobald wieder herauszukommen. Letzterer, dem sein Bette zu eng geworden, hatte sich über die Strasse Bahn gebrochen und es war nun keine Strasse mehr vorhanden, sondern nur ein Fluss, dessen schäumende Wellen uns ins Gesicht spritzten. Als der boshafte Fuhrmann, welcher auf unsere Ängstlichkeit gezählt hatte, sah, dass wir entschlossen waren, Alles zu wagen, da verliess ihn seine Kaltblütigkeit und er fing an zu donnern und zu wettern, dass das Himmelsgewölbe hätte einfallen mögen. Die steinernen Rinnen, worin das Quellwasser nach der Stadt fliesst, waren so überfüllt worden, dass sie geborsten waren, wie der Frosch in der Fabel und da das Wasser keinen Ausgang fand, so bildete es Lachen und dann ein eigentliches Meer, welches die ganze Gegend überschwemmte. In Kurzem wusste der Fuhrmann nicht mehr, welchen Heiligen er anrufen oder zu welchem Teufel er sich wünschen sollte. Er nahm ein unfreiwilliges Fussbad, welches er wohl verdient, und weswegen wir ihn auch durchaus nicht bedauerten. Unser Karren schloss sehr gut und wir waren noch im Trockenen. Allein von einem Augenblicke zum andern stieg die Fluth, wie mein Söhnchen sagte. Wir fuhren auf Gerathewohl vorwärts, wobei wir furchtbar herumgestossen wurden und in Löcher fielen, in deren jedem wir unser Grab zu finden meinten. Endlich hing der Wagen in einer solchen Stellung, dass das Maulthier stehen blieb, wie um noch einmal aufzuathmen, ehe es verendete. Der Fuhrmann erhob sich, um sich an dem Rande des Weges über seinem Kopfe festzuhalten, allein zu seinem Schrecken wurde er gewahr, dass dieser Rand nichts Anderes war, als der Kanal von Valldemosa, der zu einem Flusse angeschwollen war, welcher stellenweise auf unseren ebenfalls zum Flusse gewordenen Weg herabstürzte. Es war ein tragicomischer Augenblick. Meinetwegen hegte ich keine grosse Angst, wohl aber wegen meines Sohnes. Ich blickte ihn an, er lachte über die Figur des Fuhrmanns, welcher, die Beine über seinen Bock gespreizt, die Tiefe des Wassers mass und keine besondere Lust mehr zeigte, sich auf unsere Kosten lustig zu machen.

Als ich meinen Sohn so ruhig und heiter sah, fasste ich wieder frisches Vertrauen auf Gott. Ich fühlte, dass er die Ahnung seiner Bestimmung in sich trage und beruhigte mich bei diesem Vorgefühle, welchem die Kinder keine Worte zu geben wissen, das sich aber gleich einer Wolke oder einem Sonnenstrahle auf ihrem Gesichte zeigt. Als der Fuhrmann kein Mittel fand, uns unserem Schicksal zu überlassen, so entschloss er sich, dasselbe zu theilen, nahm einmal eine heroische Miene an und sagte in väterlichem Tone zu uns: Fürchtet euch nicht, meine Kinder! Sodann erhob er ein gewaltiges Geschrei und schlug auf sein Maulthier ein. Dieses strauchelte, fiel zu Boden, stand wieder auf, strauchelte noch einmal und stand wieder auf. Puff! da lagen wir auf einer Seite, puff! da lagen wir auf der anderen: ein starkes Krachen, ein paar furchtbare Stösse und endlich ging unser Karren triumphirend aus dem Wasser hervor, wie ein Schiff, das auf Klippen gestossen ist, ohne zu scheitern. Wir waren gerettet, wir standen auf trockenem Grunde, allein wir mussten diese Seefahrt zu Wagen wohl noch ein Dutzend Male wiederholen, ehe wir das Gebirge erreichten. Endlich kamen wir an die Steige, allein hier ging das erschöpfte und verhetzte Maulthier rückwärts bis an den Abgrund. Wir stiegen aus und schoben an den Rädern, während der Fuhrmann Meister Langohr an seinen langen Ohren nahm. So mussten wir noch unzählige Male absteigen, bis wir endlich nach zwei Stunden, in denen wir kaum eine halbe Meile zurückgelegt hatten, uns entschlossen, Fuhrmann, Karren und Maulthier hier zu lassen und uns vollends zu Fuss nach der Karthause zu begeben. Dieses war keine Kleinigkeit. Der steile Weg war ein reissender Bach geworden, gegen den wir aus Leibeskräften ankämpfen mussten. Auch stürzten noch andere kleine Bäche von dem Berge herab, und wir mussten oft eilen, um vor denselben vorbeizukommen, oder um jeden Preis hindurchwaten, da wir fürchten mussten, dass sie mit jedem Augenblick grösser werden dürften. Der Regen fiel in Strömen, grosse schwarze Wolken entzogen uns alle Augenblicke die Ansicht des Mondes, und da standen wir denn eingehüllt in undurchdringliche Finsternis, in dem heftigsten

Windstosse, der die Gipfel der Bäume bis auf unsere Köpfe herabbeugen zu wollen schien: rings um uns her borsten Bäume und rollten Steine in die Tiefe, und wir mussten geduldig warten, bis Jupiter das Licht geputzt hatte, wie ein schalkhafter Dichter sich ausdrückte. In diesen Zwischenräumen von Licht und Finsternis hättest du, Eugen, sehen sollen, wie Himmel und Erde auf einmal verdunkelt und dann schnell wieder erhellt wurden. Nahm der Mond seinen Glanz wieder an, so kamen plötzlich düstere Wolken, gleich Gespenstern angezogen, und hüllten ihn wieder in Dunkel. Manchmal zogen sie auch bloss über ihn hin, so dass er nachher wieder heller und wohlthätiger schien. Dann gaben uns der von Bächen durchfurchte Berg und die vom Sturme entwurzelten Bäume eine Idee von dem Chaos. Endlich erreichten wir den gepflasterten Weg des letzten Berges und waren ausser aller Gefahr. Wir waren ganz erschöpft und unsere Füsse beinahe bloss. Zu dieser letzten Meile hatten wir drei Stunden gebraucht.

Allein bald kamen wieder schöne Tage und der majorcanische Steamer konnte seine wöchentlichen Fahrten nach Barcelona wieder beginnen. Unser Kranker schien noch nicht stark genug, um die Reise zu machen, aber eben so wenig schien er im Stande zu sein, es nur noch eine Woche länger auf Majorca auszuhalten. Wir waren in einer furchtbaren Verlegenheit: es gab Tage, wo ich alle Hoffnung und allen Muth verlor. Um uns zu trösten, führten die María Antonia und ihre Gäste aus dem Dorfe in unserer Gegenwart fortwährend die erbaulichsten Gespräche über das zukünftige Leben. Dieser Schwindsüchtige, sagten sie, wird zur Hölle fahren, erstens weil er schwindsüchtig ist und zweitens weil er nicht beichtet. Unter solchen Umständen können wir ihn, wenn er todt ist, nicht in geweihter Erde begraben und da ihn Niemand wird zu Grabe tragen wollen, so mögen seine Freunde zusehen, wie sie es machen. Ich bin begierig, wie sie sich da helfen werden, ich mag nichts mit der Sache zu schaffen haben. – Ich auch nicht. – Ich auch nicht, und Amen!

Endlich reisten wir ab. [...] Als wir im Hafen von Barcelona ankamen, war unsere Ungeduld, diese Menschen für immer und ewig los zu werden, so gross, dass ich nicht einmal warten konnte, bis wir ausgeschifft wurden. Ich schrieb an den Commandanten der Station, Herrn Belvés, ein Billet und ersuchte ihn um eine Barke. Gleich darauf holte er uns ab und wir begaben uns an Bord des »Méléagre«. Als wir den Fuss auf diese schöne, elegante Kriegsbrigg setzten, [...] da hüpften wir vor Freuden auf dem Verdecke und riefen aus voller Brust: Es lebe Frankreich! Es war gerade, als hätten wir die Reise um die Welt gemacht und wären von den Wilden Polynesiens wieder in die civilisirte Welt gekommen.

Die Moral dieser Erzählung nun, die vielleicht Manchem kindisch vorkommen dürfte, aber nichtsdestoweniger vollkommen Grund hat, ist die, dass der Mensch nicht mit Bäumen, Steinen, einem reinen Himmel, einem azurfarbenen Meer, nicht mit Blumen und Bergen leben kann, sondern Menschen, Seinesgleichen, haben muss. In stürmischen Jugendtagen bildet man sich ein, die Einsamkeit sei Wunder was für ein Mittel gegen Anfechtungen und Unglück. Das ist ein bedeutender Irrthum, und Erfahrung lehrt uns, dass da, wo man mit Seinesgleichen nicht in Frieden auskommt, weder poetische Bewunderung, noch Freude an Kunstgegenständen im Stande ist, die Lücke auszufüllen, welche in der Seele entsteht. Ich hatte immer von einsamem Leben geträumt, und Jeder, der offenherzig ist, muss gestehen, dass er schon einmal denselben Gedanken gehegt habe. Allein, glaubet mir, meine Brüder, unser Herz ist zu liebevoll, als dass wir einander missen könnten und das Beste, was wir thun können, ist, dass wir uns gegenseitig ertragen. Denn wir gleichen Kindern von einer Mutter, die sich über Kleinigkeiten zanken, oft sogar schlagen, aber dessenungeachtet einander doch nicht missen können.

Die Deutsche Bibliothek - CIP-Einheitsaufnahme

Mallorca : „... wie ich es mir geträumt“ / Bernard Nollen. Mit Auszügen
aus George Sands „Ein Winter auf Mallorca“. - Köln : DuMont, 2000
ISBN 3-7701-5419-3

Originalausgabe

Fotografien und Gestaltung: Bernard Nollen
Textauszüge entnommen aus: George Sand, »Ein Winter auf Majorca«,
nach einer Übersetzung von Dr. K. Elsner, 1846

Refranero Espanol - Spanische Sprichwörter.
Herausgegeben und übersetzt von Erna Brandenberger

Satz und Druck: Druckerei Rasch, Bramsche
Buchbinderische Verarbeitung: BBB, Bramsche

Printed in Germany ISBN 3-7701-5419-3

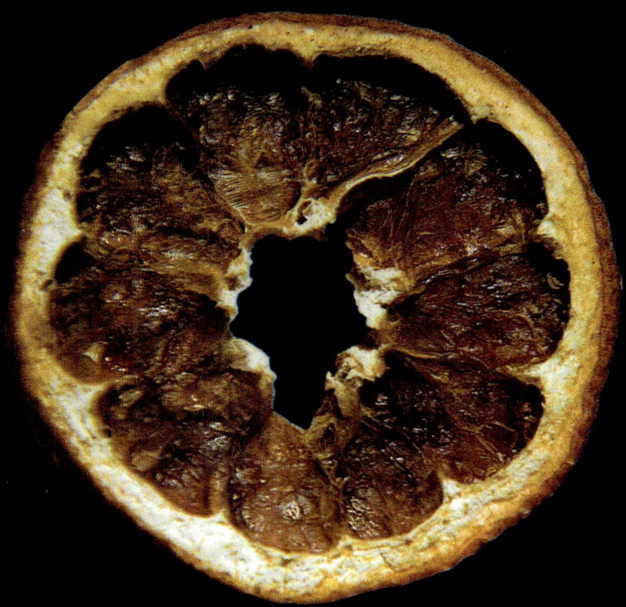

No creas al que de la feria viene,
sino al que a ella vuelve.
Glaube nicht dem, der von der Kirmes kommt, sondern dem,
der nochmals hingeht.

Spanisches Sprichwort